Salle des pas perdus

Julia Billet

Salle des pas perdus

Médium
11, rue de Sèvres, Paris 6e

Du même auteur, à *l'école des loisirs*

Dans la collection *Médium*

De silences et de glace

Loi n° 49.956 du 16 juillet 1949 sur les publications destinées à la jeunesse : mars 2003
Dépôt légal : novembre 2004
Imprimé en France par Aubin Imprimeur à Ligugé, Poitiers

Merci à Frédérique et Mireille, mes anges des Terres d'Encre qui m'ont accueillie dans la vallée du Jabron.

Et merci à Kanelle de m'avoir attendue, tout amour.

Et merci au CNL de m'avoir accordé ce temps d'écrire.

Chapitre 1

– Le train en partance pour Lyon-Perrache, Lyon-La Part-Dieu…

La voix a résonné dans le haut-parleur, c'est l'heure. La vieille s'assied péniblement sur son carton, ouvre les yeux, s'étire de partout: bras levés, bouts des doigts tout en haut, comme pour toucher le ciel, un bâillement bien profond et c'est bon, la journée peut commencer. Toujours assise, elle passe les doigts dans ses cheveux, de haut en bas, comme si c'étaient les dents d'un peigne. Ils s'accrochent parfois sur un nœud, alors elle tire d'un coup sec et clac, il reste dans sa main. Elle récupère la boule de cheveux emmêlés en bout de course et la jette un peu plus loin. Quelques cheveux y restent mais rien d'inquiétant, sa masse sombre à peine éclaircie par quelques fils d'argent, tombe dans le bas de son dos, épaisse et fournie, des cheveux de jeune fille, comme elle s'en vante secrètement. Elle prend son temps, mèche par mèche, tire, secoue, revient à l'attaque en chantonnant un vieil air qui lui vient d'elle ne sait où.

Quand elle estime que cette fois, elle est coiffée, elle se penche en avant, tête en bas, secoue vivement sa chevelure, de gauche à droite, de droite à gauche, de haut en bas, de bas en haut et remonte d'un coup sec. Ses cheveux retombent en cascades sur son dos, gonflés, brillants.

Premier geste du matin, pas question de se montrer décoiffée ! Elle se lève, arrange son pantalon un tantinet de travers, enfile ses babouches, attrape son chariot de supermarché, s'y appuie et le pousse vers les toilettes publiques. Petite bonne femme un peu ratatinée, elle est accrochée à son chariot comme un oiseau à une branche, un vieil oiseau bleu (elle est habillée tout en bleu). Elle circule en saluant les copains au passage.

Max, déjà au rouge avant même que le Paris-Béziers soit sorti de gare.

Henri, pas bien réveillé, il bougonne un bonjour en levant une main et en se frottant les yeux avec son poing libre.

Élie, déjà en action, somnole d'un œil et marmonne des incantations incompréhensibles de façon lancinante, se balançant comme le font parfois les enfants quand ils sont seuls, personne ne sait ce qu'il raconte, ça ressemble à des prières, mais ce sont peut-être des poèmes, qui sait, il fait un signe de tête à la vieille, un sourire, tout en continuant ses zonzonzons.

Céline fait la manche, elle espère pouvoir s'acheter son café et son croissant du matin avant le départ du Paris-Orléans. Elle sourit à la vieille, lui crie :

– Bien dormi, mamie ?

Et tend à nouveau sa main en quête d'un peu de liquide.

La vieille dit un petit mot à chacun :

– Pas trop mal aux cheveux Max ? Allez, Henri,

c'est l'heure et la bonne, regarde ce soleil dehors ! Salut Élie, fais une petite prière pour moi, que je trouve une merveille aujourd'hui ! Ah ! Ma petite Céline, un matin sans café, c'est pas un matin, c'est vrai ça. Si t'as de quoi, on se boit un verre tout à l'heure ?

Tout ça en poussant son chariot à travers la salle des pas perdus, direction les toilettes publiques.

À l'entrée des toilettes, c'est Yvonne aujourd'hui. Yvonne, tout en rondeurs, toujours bien arrangée comme si elle sortait de chez le coiffeur, maquillée jusqu'au bout des lèvres, à n'importe quelle heure de la journée. Des talons à faire une jambe de publicité pour collants. Personne ne la surprend jamais à se faire belle, elle est toujours comme ça, comme si elle était fardée naturellement, sans effort. Du bleu aux yeux, dessus, dessous, du noir aux paupières, dedans, dehors, des cils de stars des années 30, désespérément longs et recourbés (mais comment elle fait ?).

Elle est complètement excitée aujourd'hui : son aînée a accouché cette nuit d'une petite fille ! Une petite Laura, 3200 g, des cheveux plein la tête, le portrait de sa mère, on dirait la même, c'est fou.

Yvonne sert deux cafés qu'elle pompe de son thermos et tend un gobelet à la vieille qui s'assied à coté d'elle en écoutant ses histoires de nouvelle grand-mère. Les voilà qui trinquent à la santé de la petite et de sa mère.

Puis, Yvonne se lève, donne un tour de clé dans le tourniquet pour que la vieille puisse entrer sans payer, elle attrape le chariot et le gare sur le côté, près de sa chaise. Un rituel.

La vieille a farfouillé dans le chariot avant de passer le tourniquet. Elle a attrapé une serviette et un petit sac en plastique jaune. Elle a sorti du sac une culotte, l'a reniflée puis reposée d'un air dégoûté, elle en a tiré une autre, l'a sentie, cette fois, elle a souri – Ah ! Cette bonne odeur de lavande ! – et s'est engouffrée derrière la porte des toilettes.

Pipi du matin, ça soulage ! Elle sort des cabinets, s'approche du lavabo, déballe son sac en plastique jaune, brosse à dents, bout de savon mauve. Elle égratigne le savon avec la brosse et se frotte les dents, en comptant dans sa tête : trente à gauche, trente à droite, trente en haut devant, trente en bas devant et vingt en plus, où la brosse a envie d'aller. Elle glougloute en fond de gorge, crache, prend de l'eau au robinet en baissant la tête, recrache. Quand elle en a fini avec les dents, elle mouille un coin de sa serviette, retourne aux toilettes. Elle ressort, une grande culotte blanche à la main, elle la frotte avec son bout de savon mauve, la rince en chantonnant un vieil air, celui qui lui est arrivé sans crier gare ce matin, *Mon amant de Saint-Jean, moi qui l'aimais tant…* De l'autre côté, Yvonne reprend le refrain avec elle et les voilà qui chantent à tue-tête la chanson d'amour. Dernier coup d'eau sur le visage, et la vieille reprend le tourniquet à l'envers. Elle met consciencieusement sa culotte à sécher sur le crochet du chariot, juste sous la poignée. Yvonne a sorti un bout de gâteau, a installé un semblant de petite nappe avec du papier-toilette rose et a resservi un gobelet de café à la vieille. Il faut fêter l'événement dignement. Et nouvelle tournée à la santé de la mère, de l'enfant et de la mère-grand.

La vieille embrasse Madame Pipi avant de partir, demain, Yvonne ne travaille pas, elle a pris sa journée, ce sera Josépha la Guadeloupéenne. La vieille l'aime bien, cette Josépha, une sacrée femme avec ses huit enfants et son mari qui court les filles. Une rigolote qui arrive toujours à récupérer son époux en lui racontant des histoires de gare et d'ailleurs. Une Shéhérazade dans son genre. Parce que les histoires, elle les raconte et elle les raconte bien. Des histoires de zombies qui rôdent dans les toilettes publiques de la gare de Lyon, des histoires de fantômes de becquets qui veulent voler l'âme des petits enfants, les histoires de l'homme au bâton qui a fait la une des journaux pendant des mois dans son pays, au temps d'antan...

La vieille récupère son chariot et reprend la chanson de l'amant de Saint-Jean en faisant un clin d'œil à Yvonne qui ce matin est décidément de bonne humeur.

Elle est propre, sent la lavande, tiens, d'ailleurs elle jette la vielle culotte dans une poubelle de la gare, ça sentait trop mauvais, plus rien à faire pour ce vieux chiffon, pas question de se salir les mains avec ce slip usagé. Il faudra qu'elle pense à ne pas le récupérer celui-là. Elle repart, le chariot débordant pour faire son tour du matin.

C'est fou ce que les gens jettent. Dans la gare, les corbeilles qui recueillent les journaux frais du matin, les bouts de croissants pas finis, les sandwichs pas au goût de leurs acheteurs, trop secs, trop gras, trop gros, trop rassis, trop frais, les tickets de métro, les cartes postales déchirées avec hésitation ou rageusement, les fonds de sacs à main (poussières, bout de rouge à lèvres, place de cinéma déchirée, Post-it jaunâtre griffonné, liste de courses raturée, pièce de cinq centimes oubliée, bonbon fondu qui s'accroche à son emballage), des boîtes de cartons en tous genres, les sacs plastique gras ou pleins de miettes, les mouchoirs en papier froissé...

Plus tard, elle sortira dans le quartier s'occuper des vraies poubelles, les grosses bien remplies, coins des rues, fonds des porches, toujours à la recherche d'une merveille.

La vieille chantonne derrière son chariot, comme tirée par lui, petits pas traînants qui râpent le sol, couinement d'une roue mal huilée, tiens, il faudra qu'elle s'en occupe, important de savoir ménager sa monture, trouver une burette d'huile, faire couler un filet sur la roulette jusqu'à ce qu'elle s'apaise et ronronne à nouveau.

Brouhaha du matin, les femmes en tailleur tirent leur valise qui roule sans bruit derrière elles, les hommes en costume marchent vite, le nez en l'air, inquiets des panneaux d'affichage pas assez rapides à dire les quais, les heures. Un jeune baba cool, sac à dos, va et vient doucement, désorienté, à la recherche d'un regard, d'un corps à aborder, d'une route à demander; une femme court, un enfant dans les bras, son sac à la main, essoufflée, perdue, angoisse du temps déjà passé; une foule, sous le panneau départ, attente, impatience, de la montre à la pendule, de la pendule au panneau, du panneau à la montre, et tout à coup le bruit mécanique du train qui s'affiche, ça tourne un moment, comme un jeu de hasard, et les lettres apparaissent, blanches sur ligne noire, et la foule se distend, pardon, le Paris-Marseille partira quai C, trouver l'escalator, fouiller l'espace, marche avant, marche arrière, la foule se fend pour laisser sortir une dizaine de personnes, le nez toujours en l'air. D'autres arrivent, impatients déjà, le bloc se referme jusqu'au prochain tirage au sort de la machine.

La vieille les observe avec tendresse. Toujours les mêmes histoires sans être jamais les mêmes. Elle les observe comme on se penche sur une fourmilière en tentant de comprendre ce qui fait courir les petites bêtes, ce qu'elles cherchent et pourquoi et comment. Si elles aiment et comment. Elle écoute des bouts de conversations, des adieux, des au revoir rapides (oui, à bientôt, je te téléphone), des baisers sans fin, des serrements de mains (bonne route, tu m'appelles), les derniers conseils (surtout n'oublie pas de lui dire que, je t'ai mis le paquet entre tes pulls, fais attention en le déballant, tu penseras à…), les portables qui sonnent (oui, je suis à la gare de Lyon, non, bien sûr), les morceaux d'intimité (je lui ai dit que j'avais un rendez-vous pour mon boulot, oui, je t'aime, non, surtout n'appelle pas, je crois que je suis enceinte), les ordres des chefs (prévenez Duchemin, je ne pourrai assister à la conférence, laissez-moi un message s'il donne sa réponse, sortez-moi le dossier, préparez le compte rendu de la réunion du 13 en cours), les excuses (non, je t'en prie, excuse-moi, je vous prie de m'excuser, pardonne-moi mon amour), les mensonges (mon train a du retard, grève-surprise, je prends le premier au départ, je suis désolé, la SNCF, c'est toujours la même chose, impossible d'être jamais sûr, mon fils est malade, je ne pourrai pas venir aujourd'hui, non rien de grave, je suis dans le train), les déclarations d'amour (moi aussi je t'aime, tu me manques déjà, je pense à toi, comment vivre sans toi ? Est-ce que je suis né pour t'aimer ?).

Bribes de mots, bribes de vie, hachurées. La vieille s'amuse à les mettre bout à bout, c'est insensé, mais en juxtaposant ces sons, ces parfums, elle écrit son poème chaque matin, elle cherche le sens de ce mouvement perpétuel, de ces allées et venues, de ces courses contre les pendules, de ces errances de l'aube à la nuit. Elle cherche, ramasse, amasse, colle, coud, tricote les histoires les unes aux autres, patchwork de bouts de vies, et construit comme elle peut son monde.

À petits pas, elle prend les restes, emprunte des mots, croise un instant un regard et y puise le doute, parfois le mystère ou le désarroi.

Quand elle se penche sur les corbeilles, quand elle glisse sa main pour sentir et déjà trier, c'est toujours ce même geste, attraper un bout, prendre avec elle un moment, retenir ce qui fuit. Elle choisit, prend dans ses mains, soupèse le papier déchiré, le quignon de pain, le rouge à lèvres presque fini mais pas tout à fait, et les accapare, les cale dans son chariot, leur rend un peu de la vie qui allait s'arrêter. Elle les prend et les berce, toute à la pensée de ce qu'elle va faire de ces trésors jetés et ramassés.

Bout à bout, ces objets lui diront peut-être ce que tous ces gens font de ce temps qui semble tourner trop vite pour eux, minutes égrainées à la pendule électronique sous leurs yeux, impuissants à arrêter ou faire avancer les heures.

Elle, son temps, elle l'a, bien à elle, chaque instant lui appartient. Elle sait quoi en faire. Dans la première corbeille, elle a trouvé *Le Parisien* et *Le Monde*. Elle s'assoit et lit les grands titres. Elle s'arrête sur trois articles («Paroles de guerre en Israël», «La femme qui parle aux ours» et «Le commerce équitable: une troisième voie?») et les lit jusqu'au bout avant de ranger les journaux dans son chariot et de repartir faire ses fouilles. Tous les matins, elle s'installe pour savoir les nouvelles du dehors. Jamais bien gaies.

Ça fait trois ans qu'elle s'est installée dans cette gare. Son chez-elle. Sa maison. Là où les autres ne font que passer. Jamais seule ici. Le monde défile, file à portée de main, elle n'a qu'à ramasser, les regards, les mots, les bons à jeter. Tout est pour elle à portée de corps. Et il y a sa famille, la famille des sans-logis, ceux qu'on appelle les paumés mais qui ici semblent moins perdus que les hommes et les femmes en transit, toujours dans l'entre-deux, ceux qui ne connaissent pas le chemin, en quête d'un quai, d'une partance, d'un rendez-vous manqué, d'un ailleurs.

Les paumés, ils savent se retrouver, salle du bas pour regarder, rêver, pleurer, rire, parler, se mettre en colère, les bancs, les coins, les piliers. Ils savent où ils sont. La vieille s'y retrouve, c'est sa maison. Avant la gare, elle avait son quartier dehors, dans le Paris du XVIIIe, mais l'hiver y était dur. Portes cochères, stations de métro bondées, cartons humides, les pieds qui ne se réchauffent jamais, les bouts de mains gelés, les larmes de décembre quand le froid s'installe pour plusieurs mois, jamais assez de pulls, de manteaux, de gants de peau, jamais assez de force pour croire que demain viendra, chaque nuit comme la dernière, l'espérant secrètement, se défendant de l'air et du vent et de la neige parfois, avec l'énergie du désespéré.

Ici, elle a sa « chambre », son coin, carton, oreiller, duvet au fond du chariot, plaid à l'anglaise, écossais rouge orangé ; personne ne lui prendrait sa place.

Derrière les deux piliers, angle gauche de la salle des pas perdus, à partir de vingt-deux heures. C'est le coin de la vieille, même les gars de la sécurité passent lui dire bonne nuit et ne pénètrent pas son antre de plus de deux pas, restent au seuil, juste le temps d'un mot doux. Trois ans qu'elle a investi les lieux. Il y a bien eu quelquefois des nouveaux qui ont essayé de la déloger, mais la famille a fait front : pas ici mon gars, ici, c'est la chambre de la vieille. Et une vieille, c'est sacré dans une famille. La vieille, c'est la mère, l'aïeule, celle qui nourrit l'imaginaire des hommes-enfants sans attaches, leur refuge. Alors les gars du coin, ils en prennent soin comme une nécessité, une bitte d'amarrage à laquelle ils peuvent toujours s'accrocher.

Une fois, un nouveau a essayé de la déloger, ça s'est fini au couteau. Clac, déchirement, le sang. Les gars de la sécurité sont arrivés, la vieille a pu se coucher. C'est rassurant de savoir qu'on a une place quelque part.

Ce matin, la vieille glane comme tous les matins, toujours émerveillée de tant de vies, circulation sur la Terre, envol vers d'autres cieux, dépôts au fond des corbeilles, enfin ils posent quelque chose quelque part. Pour elle. Ils ne le savent pas, mais comment le pourraient-ils? Ils n'ont pas le temps de regarder.

Elle est penchée sur une corbeille, un jeune homme s'approche et lui tend une pièce. Deux euros. Il part et lui souhaite une bonne journée. Ça se passe comme ça, vite, sans qu'elle ait vu le bout de ses chaussures, ça arrive quelquefois, toujours un étonnement, une lueur de possible. Elle n'a rien demandé. Elle sourit, le regard un peu vague, ailleurs, lui jette un «S'il y a un dieu, il t'a vu, mon petit gars, bonne journée à toi!» et elle repart en se disant qu'à midi elle se fera un petit croque-monsieur chez Lulu, à quelques rues de là, dans le monde du dehors.

C'est le milieu du mois, il lui reste un peu de son RMI. Elle planque ses sous dans son soutien-gorge, dans le creux des seins, bien au chaud, parce que ses seins, ils sont bien confortables, un 100 bonnet D, une poitrine de star, juste un peu lourde quand elle ôte son soutien-gorge. Mais de toute façon, à part le jour de la douche, une fois par semaine aux bains-douches du quartier, elle les tient bien droit, presque pointés avec son *Cœur-croisé* de Playtex qu'elle a récupéré à la Croix-Rouge. Elle l'aime bien, celui-là, faut dire qu'elle a parfois du mal à trouver la bonne taille, c'est à croire que les femmes ont de petits seins de nos jours. De son temps, il y avait la Marilyn Monroe, les brunes pulpeuses du cinéma italien, maintenant elle ne va plus guère au cinéma, mais les actrices ont dû changer de gabarit. Et toutes ces femmes qui marchent vite ne doivent même pas laisser à leur corps le temps de prendre forme, tellement elles courent tout le temps. Elles laissent peut-être bien en route ce qui pourrait les ralentir.

Elle s'est déjà fait piquer son RMI. Du temps où elle ne se méfiait pas assez. Les pires, ce sont les mômes drogués. Le manque. Ils tueraient père et mère pour un peu de dope. Ceux-là, elle voudrait les prendre dans ses bras, mais ils ne le veulent pas, on ne peut les toucher sans réveiller leurs plaies, à fleur de rage. Elle s'est déjà fait attaquer par un de ceux-là. Une fois, elle a même fini à l'hosto, diablement amochée, sans un sous vaillant. Une semaine au lit, murs blancs, longue chemise de coton blanc, infirmière blanche, lumière blanche, bandage blanc. Elle, livide, seule.

À la fin de son séjour, visite de l'assistante sociale, grise.

C'est cette fois-là qu'on l'a envoyée à Nanterre, un hôpital qu'on lui avait dit, un endroit pour se retrouver un peu, manger, s'habiller, dormir, tranquillement sans avoir à craindre les mauvais coups de la rue. Un havre de paix pour se retaper un peu. Sûre qu'elle n'y avait jamais mis les pieds, l'assistante, sinon elle n'aurait pas osé.

Juste un mouroir pour clodos trop blessés pour marcher encore.

Nanterre : on t'embarque dans un car bleu, vitres dépolies pour pas que les gens du dehors voient la misère trop près de leur Golf GTI, de leur Opel Corsa ou de leur Espace, on te déverse là, bout de banlieue grise et murée, sans un mot, direction la douche, on te donne savon, serviette, pas de discussion, ici c'est la règle, et la règle, personne n'y déroge, les femmes nues, ventres au ras des côtes ou débordant en plis froissés, plus de mystère, plus de femmes, plus d'hommes, des bêtes à nettoyer, souvenirs de camps, images de guerres. Après la soupe, tables de cantine, tables de prison, dortoir, draps rêches, trop propres. Dans la nuit, des corps meurtris par le silence et les râles de ceux qui n'acceptent pas de souffrir sans bruit.

Au petit matin, tu peux sortir dehors, une cité, des enfants passent pour aller à l'école. Les vieux sirotent leur rouge parce que c'est pas une vie. Une BMW vitres fumées roule doucement en frôlant le trottoir, crissement de pneus, une vitre s'ouvre dans un ronron électrique, le visage d'un jeune homme en survêtement Nike qui parle à un autre jeune homme en survêtement Adidas, appuyé contre la peinture métallisée, dialogue des deux jeunes gens, rires. Sur le trottoir, une femme voilée de la tête aux pieds marche près d'un homme barbu, tête baissée pour ne rien voir de la vie tout autour. Voile noir du front aux bouts des pieds, pas même un regard, paupières vers le bas, la femme est intouchable, irrémédiablement recluse en elle. Elle foule le sol comme elle foulerait n'importe quel bout de l'univers. Au-dedans d'elle, en dehors du monde et du temps.

Les vieux (même s'ils ne sont pas vieux, ils en ont l'air) sortent de l'enceinte de l'hôpital pour la journée, ils se sont habillés au vestiaire (le vestiaire, comme on dit à l'Opéra, ma chère, a fait remarquer un clodo un tantinet éméché), on leur a donné de quoi se rhabiller, mais on ne leur a pas donné de miroir pour se regarder, ni demandé la couleur qu'ils aimaient, on leur a distribué qui un pantalon et un pull, qui une paire de chaussures, qui un manteau de laine, et s'ils n'ont pas dit merci, on les a toisés en pensant tellement fort que, vraiment, ils n'ont pas de reconnaissance, avec tout ce qu'on fait pour eux, que ça a couvert tout le bruit, les rots et les pets, et les éclats de rires, et les larmes rentrées.

La vieille, elle était sortie le matin avec un nouveau manteau, noir. Elle déteste le noir, la vieille, ce qu'elle aime, ce sont les couleurs, le rouge, le bleu roi, le vert du printemps, le jaune qui crache. Elle avait regardé autour d'elle et elle s'était sauvée. Traverser la cité des Canibous, le bus jusqu'à La Défense et enfin le métro pour retrouver Paris, sa ville, son nid. Elle avait fait la manche, avait caché chaque pièce entre ses seins, inquiète, encore endolorie des coups de couteau qu'elle avait reçus et des coups de poignard à l'âme des Bleus de Nanterre (les Bleus, ces hommes du car bleu, le Paris-Nanterre direct, sans escale).

À la sortie du métro Château-d'Eau, elle avait enfoui le manteau noir dans une poubelle, sans le déchirer, malgré l'envie, malgré la rage, parce qu'elle savait bien que quelqu'un aimerait peut-être le noir, ça se respecte, et pour celui-là, ce manteau, ce serait une vraie trouvaille, un truc à justifier une journée de fouilles.

Le mois avait été difficile. Elle n'aime pas ça la manche et puis elle avait perdu son chariot, il fallait tout reconstruire. Heureusement, elle avait sauvé sa boîte à sucre. Celle aux secrets. Celle de toujours. Elle avait fait la manche, avait appris à se méfier, et peu à peu elle avait retrouvé la force et le goût de reprendre son chemin doucement. C'est depuis ce temps qu'elle cachait son argent au fin fond de sa poitrine, dans son bureau de Poste. Au diable la pudeur, et puis ses seins n'étaient pas si vilains (si vraiment un curieux avait envie d'y voir de plus près).

Ça avait été pour elle le pire moment de toutes ces années. Maintenant, elle savait repérer le car des Bleus et se fondre dans la foule ou derrière les porches quand elle les voyait débarquer. Plutôt la faim, le froid, au désespoir.

Elle revenait vite dans sa maison, se faufilant entre les voitures, invisible parce qu'elle se sentait invisible.

C'est peu après cette histoire qu'elle avait changé de quartier et s'était installée gare de Lyon. Elle avait rencontré sa nouvelle famille. Les clodos vieux de la vieille, mémoire de la gare de Lyon, ceux qui se posaient un moment avant de partir, ceux qui disparaissaient du jour au lendemain, ceux qui décidaient un matin de monter dans un train pour le Sud, Marseille, la Méditerranée, le soleil toute l'année, les rêves d'un ailleurs où tout serait forcément différent, les mômes perdus en quête d'amour, toujours à chercher sans trop savoir ce qu'ils cherchent, les dames pipi grincheuses, discrètes ou raconteuses d'histoires, toujours à apprivoiser puis doucement à écouter.

Midi. La vieille a fait une petite récolte ce matin, elle s'est un peu oubliée à rêvasser sur un banc. La chanson du vieil amant sûrement. Le passé a resurgi, comme parfois il sait le faire, inattendu, brutal. Les spectres sont revenus à l'assaut, rien de tel pour la rendre bougonne, irascible pour quelques heures. Parfois, ils viennent la chercher la nuit, mais parfois ils n'attendent pas son sommeil, ils forcent le passage en plein jour, n'importe quand, par le biais d'une chanson, d'un visage qui ressemble à un visage faussement oublié, par un fragment de voix. Ce matin, c'est cette chanson qui lui est venue gaiement à son réveil, comme une valse entraînante, et qui peu à peu a fait revenir un autre temps, des bruits de corps, un frôlement de drap, un regard perdu. *Moi qui l'aimais tant…*

Heureusement, l'estomac de la vieille ne succombe jamais à ses cauchemars. Quand c'est l'heure de manger, les pires monstres ne peuvent résister à l'appel de son ventre. Ils fuient, effarés par une telle obstination. Quand la vieille a faim, elle doit manger, plus rien ne peut la retenir à ses démons.

À midi, son estomac l'a rappelée à l'ordre, et elle s'est levée du banc pour passer aux choses sérieuses : un croque-monsieur chez Lulu.

Chariot en main, direction la sortie, la rue, la place à traverser, attention aux voitures qui tournent en rond, vite parce que c'est l'heure, et même l'heure dépassée, feux rouges, feux verts, au diable les passages pour piétons, slalom, klaxons, mots hurlés derrière les vitres, petits pas décidés, coûte que coûte elle passera outre les marées d'automobiles, d'automobilistes, croque-monsieur chez Lulu, ballon de rouge pour oublier les mauvais rêves, et s'ils ne sont pas contents, qu'ils aillent se faire f... La vieille a faim, une fringale qui n'accepte pas les concessions, les civilités.

La vieille a marché une petite demi-heure pour atteindre le café de Lulu. Elle y vient de temps en temps. Lulu la laisse entrer avec son chariot, elle s'installe au fond de la salle, passe sa commande en gardant un œil sur ses biens, on ne sait jamais. Elle s'est assise sur une chaise de bistrot, dos bien calé et elle a crié, un croque Lulu, avec un ballon !

Lulu a répondu sur le même ton, c'est lancé ma petite dame, ça va comme vous voulez ? Et la vieille a tout oublié d'un coup, la chanson des vieux amants, les fantômes, le passé, elle a trop faim pour penser à autre chose.

Le café est rempli des habitués, les accoudés au bar, les penchés sur leur tasse de café, les rêveurs qu'on n'entend jamais (mais à quoi ils pensent ?), les accros du tiercé qui lisent leur *Paris-Turf* consciencieusement et ceux qui boivent les infos à la télé, juste au-dessus du bar en laissant refroidir leur café ou fondre les glaçons de leur pastis.

La vieille se tient informée, l'œil et l'oreille sur la télé, toujours un peu étonnée de l'état du monde. Aujourd'hui, un reportage sur des enfants en armes, de l'autre côté de la Méditerranée. Jets de pierres, fusils. Des enfants sans larmes au combat.

Son croque-monsieur servi, une page de publicité. Les enfants disent merci à leur maman blonde, élégante et mince comme une crêpe qui leur offre un Kinder Bueno en vantant les vertus du lait. Les lèvres et les sons ne sont pas synchronisés, décalage qui donne encore plus d'irréel à la scène.

Décidément, la vieille ne comprend rien au monde. Dépassée.

Heureusement, le croque-monsieur fond dans sa bouche, tiède, croustillant juste comme elle l'aime.

Elle boit doucement son verre de rouge, laisse la chaleur passer dans sa trachée, ça pique un peu et c'est doux en même temps. Les images défilent sur l'écran, jeu télévisé où un homme doit deviner ce que la femme qui lui est cachée, désirerait le plus au monde. La vieille part dans ses rêves, se demande ce qu'elle désirerait le plus au monde, elle cherche, mais rien ne vient, pas de désir secret, non, elle a beau fouiller, pas d'idée. Heureusement que l'homme n'a pas à deviner ce qu'elle, elle désire, il serait bien embarrassé. Ah, si, elle aimerait découvrir une merveille dans ses poubelles aujourd'hui, mais quelle merveille ? Pour être merveilleuse, ce ne peut être qu'une découverte, une surprise. Non, décidément, elle n'a pas d'envie secrète. Pas de rêves non plus.

Page de publicité, puis un documentaire sur la vie des baleines, certaines doivent être trois pour s'accoupler, étrange, la vie des baleines, ça donne à réfléchir. Trois baleines ventre à ventre ? Ça laisse la vieille songeuse, elle essaie vainement d'imaginer la scène.

Le bar s'est vidé, Lulu vient s'asseoir un moment en face de la vieille. Il lui raconte sa femme partie en vacances chez sa cousine, elle a emmené les petits, ça fait du vide dans la maison. Il n'aime pas la solitude Lulu, avec le café, dans la journée, ça va, il peut parler et rigoler un peu, le temps passe vite. Mais le soir vient et le silence le fait tourner en rond, il vogue de la cuisine à la chambre, zappe sur la télécommande de la télévision, aucune image ne l'accroche vraiment, il n'a même pas le cœur à manger, alors il fume et finit pas se coucher sur le canapé, parce que le grand lit vide, ça, c'est pas possible, trop grand pour lui, trop froid aussi. Il offre un café, puis deux, puis trois à la vieille, et il parle, nouveau fond sonore, la vieille le regarde doucement, elle ne l'écoute plus, elle lit sur ses lèvres l'ennui et la plainte. De temps en temps, elle reprend le dernier mot, celui qu'elle a attrapé au passage et elle en fait un jeu : Vide mon pauvre Lulu ? Mais la vie c'est jamais vide, la vie c'est plein du vide et si c'est plein alors c'est que c'est pas possible le vide, allez Lulu, faut pas se laisser aller comme ça, vous pouvez pas être vidé comme ça, votre femme, vos gosses, ils sont partout, dedans, dehors, ils sont en vous, ils vous contiennent, alors faut pas se laisser avoir par les mots mon pauvre Lulu. Regardez, on est là, comme des pachas à parler, on a bien mangé, bien bu, on se tortore un petit café tous les deux, y a rien de plus plein que nos ventres et notre amitié, alors, quoi, vous êtes pas bien, là, assis, tranquille avec votre vieille qui vous écoute ? Lulu ne peut pas s'empêcher de rire, elle a raison la vieille, il n'y a pas de quoi pleurer sur son sort. Sa femme revient la semaine prochaine, tout va recommencer, comme toujours, les engueulades, les mômes qui crient, lui qui s'énerve parce que c'est pas possible ! Un peu de silence dans cette baraque, et l'embouteillage dans la salle de bains le matin, et le grand qui ne veut pas lâcher sa Nintendo et qui squatte la télé et sa femme qui ne pense plus à se faire belle pour lui et qui lui tourne le dos le soir en chuchotant bonsoir du bout des lèvres. Mais quand ils ne sont pas là, qu'est-ce que ça peut être calme. Vide. Et Lulu repart pour un tour à vide jusqu'à la prochaine échappée lyrique de la vieille. Ça fait comme un refrain qui balance et ponctue la musique ronronnante de sa plainte.

À quatre heures, elle se lève, le bar commence à se remplir à nouveau, elle lance un baiser du bout des doigts à Lulu, tire son chariot, slalome entre les chaises et les tables et sort dans la rue. Elle n'a même pas encore fait les poubelles du quartier aujourd'hui. À cette heure-là, elle ne trouvera sûrement plus grand-chose, mais bon, on ne sait jamais.

Vers six heures, elle rentre chez elle, maigre butin. Une râpe à fromage un peu rouillée, deux yaourts aux fruits périmés de deux jours, une demi-baguette à peine dure et un fond d'huile de tournesol dans une bouteille en plastique. Elle va pouvoir bichonner les roulettes de son chariot. Travail du soir. Au passage, elle s'achète une banane et une tomate, avec le pain et les yaourts, un bon dîner en prévision.

La vieille commence à sentir la fatigue. Elle va retrouver les copains sur le banc de la salle des pas perdus et prendre des nouvelles des uns et des autres. Et puis elle allongera ses jambes. Être vieille, c'est ça aussi parfois, une sorte de sagesse et des jambes lourdes.

Pause pipi, bonsoir à Yvonne qui part directement à la maternité voir sa petite-fille, elle a eu le temps d'aller faire quelques achats, elle a trouvé une grenouillère rose, des petits chaussons assortis et un maillot de bain, du trois-mois ; elle déballe tout pour montrer à la vieille et se sauve après avoir rebricolé les rubans pour faire comme si.

La vieille rejoint Henri qui fume sur son banc, tout seul. Il est bien réveillé cette fois. Il peste contre la société, les gens qui ont du fric, la Bourse, il est comme ça Henri, toujours en colère, enflammé contre la misère du monde et l'injustice. Il dit, moi, je suis fier de pas être comme eux, moi, j'exploite personne, moi, je fais de mal à personne, moi, je regarde pas la télé et les gosses qui crèvent de faim au Rwanda en me disant que j'ai voté pour ceux qui ont permis tout ça. Moi, je vote pas, moi, je donne pas mon accord par procuration à des salauds d'assassins. La vieille connaît sa chanson à Henri, il souffre des hommes, il souffre de la terre entière, elle le prendrait bien dans ses bras pour l'apaiser un peu, mais Henri, c'est pas du genre à accepter ça non plus, sa peau est trop blessée du dedans au dehors, alors elle l'écoute, elle lui dit, c'est vrai, tu as raison, tout ça c'est pas juste, ça devrait pas être permis. Il finit toujours par se bercer avec sa rage et il revient au silence, doucement, et tout d'un coup il se retourne vers la vieille et lui demande ce qu'elle a trouvé aujourd'hui, si la chasse a été bonne. Alors, elle parle, elle sort de son chariot les objets du jour, elle lui offre un yaourt, elle lui raconte un peu ce qu'elle a vu et entendu aujourd'hui, les bouts de conversations ramassés, Lulu et sa peur du vide, elle invente un peu pour faire sourire Max qui s'est posé à côté et écoute en silence. Elle ne dit rien de la chanson du vieil amant. Ça, elle n'en parle jamais. Élie s'est approché, il écoute aussi la vieille, de temps en temps, il reprend son marmonnement, ses prières mystérieuses. D'un coup, il s'interrompt, tait ses prières et pose une question, sans se soucier de couper la parole à l'un ou à l'autre :

– Où est ton ange la vieille, où il se cache ce soir ?

Ou alors :

– Tu crois que la Terre est une orange toi ? Parce que moi, je crois que je viens de comprendre.

Mais il ne va pas plus loin dans ses explications et puis, de toute façon, il n'attend pas de réponse. Henri hausse les sourcils, dans le genre, il est complètement taré cet Élie, mais il n'en sait rien, il se dit que celui-là n'est pas dans la marche du monde, mais en marge, comme lui, quoique pas tout à fait dans la même marge quand même. Max hausse les sourcils et boit un coup au goulot de sa bouteille qui semble ne jamais se vider.

Ils sont fatigués tous les quatre, la vieille a sorti sa demi-baguette, Élie a sorti un camembert, Henri deux tranches de jambon, Max tend sa bouteille de rouge, ils partagent et mangent et boivent en silence maintenant.

– Le train 5643 à destination d'Avignon va partir, Attention à la fermeture automatique des portes.

La vieille observe la danse des passants, rêvasse, imagine des vies au pas des talons qui traversent son champ de vision. Mais tout à coup elle s'accroche à une gamine, assise sur un banc à quelque pas de là. Happée, plus de rêves, plus trace d'imagination, elle observe comme un chien d'arrêt observe la proie qu'il sent s'approcher. Treize ans, dix-sept ans ? Pas facile à dire. Les filles sont tellement grandes et vite si belles maintenant. C'est drôle, cette môme, elle n'attend pas de train, elle n'attend personne. La vieille est assez habituée à regarder pour savoir cela.

Aucun signe d'attente ou d'impatience. Rien. Aucun signe. La fille ne regarde pas, elle ne voit pas, elle a pourtant les yeux ouverts, mais sur l'intérieur. Elle ne perçoit rien de ce qui se passe autour d'elle. La vieille en est sûre, elle connaît ce regard du dedans. Un regard qui a mal.

Ce n'est pas une zonarde, pas une habituée de la route, il y a quelque chose d'immobile et de sage chez elle, quelque chose de l'enfance, de l'école, des gestes à peine ébauchés pour remonter ses cheveux qui tombent devant ses yeux ou pour se gratter le nez, une façon de mettre son pied sur son autre pied, jambes repliées sous elle, comme pour se mettre en boule. Une petite fille protégée un jour, sûrement, mais qui là n'a plus de filet, au bord du vide, seule.

La vieille, elle en a vu des gosses paumés, qui vont devant comme ils peuvent, toujours à la recherche de quelque chose sans jamais savoir quoi ni où chercher, des qui fument pour faire comme les grands, des qui font les fiers-à-bras, des culottés, des silencieux en colère, des à l'affût, des violents, des violentés, des apeurés, des solitaires, des en bande…

Mais celle-là, c'est différent, elle ne sait pas quoi en penser, la vieille. Elle sent juste peut-être quelque chose de fragile. Cette petite, elle la sait entre deux mondes, dans une faille, au fond. Celle-là, elle ne cherche pas. Elle a fini de chercher.

La vieille l'observe, elle a oublié ses jambes trop lourdes, elle n'entend plus les prières d'Élie, la rage d'Henri, les talons pointus des femmes qui hâtent le pas, le haut-parleur qui vomit les mêmes mots depuis le petit matin, les sifflements qui annoncent la fermeture des portes, Max qui hurle à tue-tête qu'il est bourré et content de l'être, les pépiements des portables, les conversations anodines, badines, sérieuses, dramatiques, langoureuses, la mécanique du panneau d'affichage qui ne s'enraye pas ce soir.

Elle est captée par l'enfant-femme assise à quelques mètres.

Si loin.

Chapitre 2

La fille assise est immobile. Ses épaules en dedans donnent à sa tête un air de tortue qui pointe le bout de son nez hors de sa carapace. Son ventre se creuse, ses genoux remontent pour laisser glisser ses jambes sous le banc, son pied droit sur son pied gauche, chaussure sur chaussure. Tournée sur elle, en rond.

La vieille ne peut quitter l'enfant des yeux. Elle pressent avoir découvert sur ce banc une merveille, posée là, abandonnée, jetée.

Près de la fille, un petit sac à dos, noir, orné d'un croissant blanc, signe reconnaissable d'une marque de prix. Le sac ne peut guère contenir plus qu'un pull et un sandwich, une brosse à dents peut-être. La veille sourit en pensant brosse à dents. Comme si une enfant pouvait penser à prendre cet objet pour aller nulle part. Pourtant, cette enfant-là est tellement déplacée, ici, sur ce banc, dans cette gare qu'elle peut même imaginer un nounours, un doudou d'enfance dans son sac.

Quelques gestes à peine ébauchés, de petits sursauts font fuir une mouche invisible, ponctuent son immobilité.

Puis, brutalement, la fille se lève, attrape son sac d'un coup sec, le jette sur son épaule et part, marche droit devant elle.

Déroulée, elle fait bien une tête de plus que la vieille, longues jambes dans un pantalon noir, le buste démesuré comme ces adolescents entre deux âges. L'enfance encore là et l'adulte à venir qui pousse et tire les membres avec brutalité. Brune, une mèche tombe sur les yeux, une coupe de cheveux étudiée, pas une mèche rebelle. Cette môme fréquente les coiffeurs. Un tee-shirt blanc dans son pantalon, des hanches étroites, presque fragiles, des hanches de petite fille, des fesses rondes, pommelées au bas d'un dos rectiligne et tout à coup cambré. Des seins sous son tee-shirt, des seins de femme, pleins, comprimés par un soutien-gorge peut-être trop petit. Des seins qui auraient poussé trop vite, débordant de féminité, accrochés par mégarde à des épaules graciles. Son visage fermé, traits réguliers, elle pourrait être belle. Là, elle est seulement inaccessible. La vieille ne parvient pas à attraper son image, cette enfant fuit, elle en est certaine. Elle se fuit et fuit le monde.

Elle marche droit devant. Elle ne sait pas où elle va. La vieille sait ses choses-là. Elle a trop observé les démarches, les allures, les pas, pour ne pas reconnaître un pas perdu.

La vieille jette un regard à Henri qui somnole, les violences qu'il se fait en prenant colère le terrassent toujours, Élie marmonne les yeux fermés, et le regard de Max file une femme aux jambes qui se déplient à chaque pas, dans un rêve d'homme en manque d'amour. La vieille se lève, s'accroche à son chariot et suit l'enfant, de loin, mais pas trop pour ne pas la perdre des yeux.

L'enfant tourne dans la salle des pas perdus d'un faux air décidé. Quand la vieille comprend que la jeune fille ne sortira pas, qu'elle dessine des chemins sans traces apparentes, les prend et les reprend, obéissant à une contrainte que son corps a dû décider de lui-même, elle s'appuie contre un pilier et observe la danse de l'enfant. Étrangement, même dans ce mouvement régulier, elle lit l'immobilité. Une sorte de raideur qui empêche tout balancement.

La jeune fille se dirige vers la cafétéria, fait la queue. Elle attend son tour sans sembler être dans l'attente, elle s'est postée derrière des hommes et des femmes impatients, comme elle l'aurait fait en s'arrêtant le dos à un poteau. Elle achète une petite bouteille d'eau, la vieille n'a pas vu bouger ses lèvres, et elle reprend sa marche, sans esquisser le moindre geste pour déboucher sa bouteille.

Trois jeunes gens apparaissent dans le champ de vision de la vieille, ils se sont approchés de la presque femme et lui emboîtent le pas. Elle poursuit sa route au même rythme. Vif. Cassé.

L'un d'eux pose sa main sur l'épaule de la fille, elle sursaute et se retourne. Geste en avant de l'épaule, elle se débarrasse de la main qui pèse et accélère le pas. Les adolescents rient, amusés par cette résistance. L'un d'entre eux se met devant elle, recule, les deux autres lui attrapent le bras et lui parlent en riant. Elle essaie de se dégager, mais ils la tiennent fermement. Sur son visage, pas une trace de peur, juste quelque chose qui ressemble à l'ennui. Quand elle voit qu'elle ne peut rien faire pour se débarrasser des garçons, elle continue à marcher, sans un mot. Les gars accrochés à elle trouvent manifestement cela très drôle. Ils parlent, ils rient, c'est comme si elle n'entendait rien, ne sentait rien. Elle marche.

Ils commencent à la secouer, la tiraillant à droite et à gauche. Tirent chacun un bras, touchent sa peau. L'autre devant ralentit, elle bute sur le bout de ses tennis. Elle avance malgré tout.

La vieille hésite. Elle attend. Une réaction de la fille, quelque chose comme de la peur. Mais rien ne vient, la gamine se met au pas de l'autre, continue sa marche malgré les deux abrutis qui tirent chacun de leur côté. Elle ne dit rien. Aucune marque sur son visage, aucun mot, aucune plainte.

Elle doit pourtant avoir mal. Ils sont de plus en plus brutaux, sans doute en colère de ne rencontrer que de l'indifférence.

La vieille se décide. Ça suffit maintenant. Elle pousse son chariot et fonce vers le petit groupe en marche. Arrivée à leur niveau, elle appelle :

– Salomé ! Salomé !

Les gars se retournent, la fille en profite pour se dégager. La vieille heurte le gars de droite de l'extrémité de son chariot et répète :

– Salomé ! Salomé !

La fille finit par la regarder. Cette fois, elle a l'air étonné.

– Viens Salomé, on y va. Fichez-lui la paix, allez Salomé, viens, c'est bon les gars maintenant, lâchez-la.

Les types ne l'entendent pas de cette oreille, les voilà qui se tournent vers la vieille et commencent à la bousculer. Coups d'épaule, une main repousse sa poitrine.

Max se met à gueuler dans la salle :

– Touchez pas à la vieille !

Élie sort de sa torpeur, secoue Henri qui se lève, s'avance vers le groupe et sort son Opinel, la colère dans ses cuisses, dans son cou, tendu, bandé, prêt à se jeter sur le groupe. Une gueule de loup prêt à mordre, juste l'instant d'avant l'attaque. Les gars sentent l'animal, se disent que peut-être il est temps, et ils partent en jurant sans attendre la suite des événements.

La vieille tapote l'épaule d'Henri, lui chuchote très doucement :

– Calme, c'est bon, tout doux, viens, c'est bon.

Henri entend au loin la vieille, dans une brume indistincte, s'arrête dans son geste et repart, tête basse, sans un mot, retourne s'asseoir près d'Élie qui a regardé la scène sans proférer une seule prière, dans l'attente. Henri à ses côtés, il retrouve son balancement et reprend sa litanie, comme pour bercer son compagnon encore dans l'énergie de l'attaque. Élie sait rendre au silence l'apaisement.

La fille s'est arrêtée, immobile, spectatrice d'une scène qui ne semble pas la concerner. La vieille prend doucement son bras.

– Allez Salomé, tu viens avec moi maintenant.

La fille la suit, sans rien dire.

La vieille l'amène derrière ses deux piliers, farfouille dans son chariot, sort un grand carton, son oreiller, son duvet, installe le lit et dit à la petite :

– Couche-toi, couche-toi là, Salomé.

La fille obéit, s'allonge, se glisse dans le duvet, pose sa tête sur l'oreiller et se roule en boule. Elle sort de son sac un mouchoir en tissu, l'entortille autour de sa main et ne bouge plus. Pas un mot.

La vieille s'assied près de l'enfant et attend qu'elle s'endorme en fredonnant un vieux blues. Quand elle sent la respiration de la petite s'apaiser, ses paupières se ferment sans plus de tressaillements, elle va chercher une couverture au fond de son chariot, un sac plastique rempli de tissus, et elle se couche contre l'enfant, la tête posée sur le sac, son corps roulé dans la couverture écossaise.

Elle se pelotonne contre la boule du duvet, se souvient qu'elle n'a pas dormi avec quiconque depuis des années-lumière et sans avoir senti le sommeil arriver, commence à ronfler.

Chapitre 3

Quand la vieille se réveille, elle est étonnée d'être là, près d'un corps endormi ; la nuit a effacé le souvenir du jour précédent. Les images lui reviennent peu à peu. Elle s'assied et regarde la boule qui laisse échapper quelques mèches de son duvet. Souvenir. Dodo, l'enfant do, l'enfant dort, petite fille, la vieille retrouve un vieux balancement inscrit quelque part dans son corps, profondément enfoui mais qui remonte à la surface, jusqu'au bout de ses doigts qui caressent l'air, prêts à toucher l'infime, le grain de poussière invisible qui volette au-dessus du visage de l'enfant endormi et pourrait le réveiller si on n'y prend pas garde. Elle se souvient, croit se souvenir de gestes oubliés.

La boule remue, réveil en vue. La vieille secoue la tête pour faire fuir les sensations qui l'ont assaillie, elle s'ébroue pour être sûre de revenir au présent, à la réalité de son dos, courbatu de cette nuit sans rêves apparents. La fille rabat le duvet, sort sa tête, elle aussi cherche à retrouver pourquoi elle est là, enclenche la bobine du nouveau jour, ses yeux papillonnent pour s'habituer à la lumière des néons et reprendre le fil de l'histoire.

Elle dévisage la vieille assise à côté d'elle, se remet son image à l'envers dans sa pupille et sans crier gare, d'un filet de voix presque rauque, sans doute pour n'avoir pas coulé depuis un bon moment, articule :

– Bonjour madame.

Éclat de rire de la vieille qui commençait à croire que la fille était muette. Ce « madame », ça fait bien longtemps qu'on ne le lui a pas servi.

– Bonjour pitchoune, bien dormi ?

– Oui, m'dame, mais je vous ai pris la place.

– Allez, viens.

La vieille écourte un peu la cérémonie du coiffage sous l'œil étonnée de la gamine et lui tend la main pour qu'elle l'aide à se lever. La fille a envie de faire pipi, elle dit ça comme ça, tout à trac, j'ai envie de faire pipi. Ça tombe bien, moi aussi lui répond la vieille et les voilà parties, direction les toilettes publiques.

Salut du matin aux copains, la petite suit sans un mot, derrière la vieille derrière son chariot.

Josépha les accueille en embrassant la vieille.

– Bonjour, tu nous amènes une jeunesse aujourd'hui ?

– Salomé, fait la vieille, Salomé, voici Josépha, la reine pipi, la princesse du sérail, la raconteuse d'histoires. Tu nous offres un petit kawa, ma belle ?

L'enfant accepte le café, mais à voir sa grimace quand elle pose les lèvres sur le gobelet, les deux femmes s'amusent et se moquent gentiment. Josépha s'excuse en riant, elle n'a pas de chocolat à offrir à l'enfant, mais un petit gâteau sec si elle veut.

La fille suit la vieille dans ses ablutions, elle tire une brosse à dents de son sac et frotte et frotte ses petites dents bien plantées, presque transparentes. Elle asperge son visage d'eau fraîche et attend que la vieille ait fini, sans un mot. La vieille pense que, une brosse à dents dans le sac d'une enfant, ce n'est quand même pas banal.

Joséphа, de l'autre côté, crie à la vieille qu'elle en a une à lui raconter, encore les frasques de son homme, quel bougre d'homme, il la rendra folle. Clin d'œil de la vieille à l'enfant, doucement elle chuchote :

– Viens Salomé, on va écouter Shéhérazade, tu vas voir, c'en est une qui sait raconter les histoires.

Et Joséphа raconte dans un seul souffle, avec ses mots d'ici et de là-bas.

– Hier, il est rentré en casela avec un bouquet de roses rouges. C'est pas bon signe, je le connais l'enfant de s..., ich papaï, le fils de son père, c'est une histoire de famille, les hommes qui dansent sous les filles, que veux-tu, les chats font pas des chiens, quand il rentre comme ça, la queue entre les jambes, le nez en l'air et la bouche pleine de sucre, c'est qu'il me prépare une sérénade, un bitin pas clair, un truc de nèg', faut pas me prendre pour une sainte qui connaît pas les boug', je sais ce que c'est qu'un homme a entre les cuisses, avant, après, pendant, on me joue pas une pièce de théâtre à moi, je la connais par cœur la chanson, ses roses, je les ai prises, je les ai posées sur la table et j'ai attendu la suite, ça a pas pris le temps que mettent les prunes à tomber de l'arbre les jours de dépression tropicale, ah, non, pas même, il est parti dans des doudous d'amour, mon sirop de canne, mon pipiri gazouillant, je dois partir quelques jours, mais pas longtemps, le travail, un incident de dernière minute, à l'autre bout de la métropole, Marseille, mais pa ni problème mon cœur, je serai là vendredi, juste un dépannage, un caténaire cassé en deux, il a continué comme ça sans mettre une seule virgule et moi, je l'ai regardé, j'ai été chercher sa valise, elle est encore pleine de son dernier aller, il croit quand même pas que je vais lui laver son linge, il a qu'à demander à sa caténaire, je lui ai dit, tu pars, tu reviens pas, tu choisis, entre elle et moi. Et tu sais ce qu'il a fait ? Il est parti, en riant, il a embrassé les petits, en criant à vendredi doudou, prépare-moi un blaff, j'aurai bien besoin de me remettre, je risque bien d'être las, et je me suis retrouvée comme une ababa, assise sur ma chaise avec mes roses rouges sous le nez, alors j'ai sorti un vase, je l'ai rempli d'eau, les roses, c'est quand même ce qu'on fait de plus beau par ici, et je l'attends, tu vas voir comment je vais l'accueillir ce chien-fer, il a intérêt à être en forme, je lui prépare un plat à ma façon, pas de bois bandé, pas de gingembre, juste piment oiseau et sauce à pas y revenir ; il s'en souviendra jusqu'à la fin de ses jours.

La vieille profite du point qui annonce la reprise de la respiration de Josépha pour lui dire :

– Faut qu'on y aille, ma Josépha, tu sais bien qu'il va revenir, allez, c'est peut-être vrai son histoire de caténaire, et même si c'est pas vrai, t'es la seule qui sache le retenir, t'es la seule qu'il aime, tu crois qu'il s'embarrasse à leur offrir des roses aux autres ? Allez, viens Salomé, à plus tard Josépha, te fais pas de mal, t'es trop belle pour qu'il ne revienne pas.

Salomé a écouté la tirade des deux femmes sans bouger, un peu intriguée par ce flot de paroles comme une digue qui a explosé, bloum, plaf, jaillissement de mots, elle n'a pas saisi le sens, emportée par la musique, grosse caisse, badaboum, roulement de tambour, placatoum, la vieille l'a poussée vers la sortie, elle s'est retrouvée dans le hall de la gare avec l'impression de n'avoir fait aucun mouvement, encore sous le choc des phrases jetées en l'air.

La vieille l'a attrapée par le bras, poussant son chariot de l'autre main et l'a embarquée dans sa cueillette du matin. La fille l'a suivie de corbeille en corbeille, elle s'est assise près d'elle pour la regarder lire son journal. La vieille lui a tendu un article qu'elle a déchiré «Rester jeune après 40 ans», tiens, lis, et a repris sa lecture sans plus se soucier de l'enfant.

La jeune fille a commencé sa lecture puis ses yeux se sont détachés des mots pour se refermer sur un rêve qui a ôté toute expression à son visage.

Quand la vieille a posé ses journaux dans son chariot, elle a reconnu le regard sans tain qui l'avait tant intrigué la veille chez l'enfant.

– Salomé, t'as pas faim ? Viens, on va faire des courses.

Elle l'a tirée, lui a accroché les mains sur la poignée du chariot et elles sont sorties de la gare. La vieille a laissé l'enfant dans son monde, la petite a marché, sans rien demander de plus, ailleurs. Elle a retrouvé la raideur et l'absence à soi. La mémoire peut-être, pense la vieille. Boulangerie, épicerie, la vieille l'emmène jusqu'au parc, brise le pain en deux et lui tend les tranches de saucisson. La fille dévore silencieuse, toujours ailleurs.

Se lever, reprendre la marche. La vieille lui explique que maintenant elles partent à la découverte de trésors, les poubelles du quartier. Elle lui murmure les trouvailles possibles, un poste de radio, une pile électrique, un gilet tricoté main, un pot cassé qui peut-être a contenu des épices du bout du monde, un cahier d'écolier couvert de mots écrits pas à pas, répétitions de lettres, alphabet ânonné, traces rouges dans la marge, découverte page à page du sens des mots, le verbe après la lettre, elle aime ça, les cahiers, la vieille, une empreinte de l'apprendre, une trace des coulisses, le juste avant l'écriture, signes cunéiformes qui se récrivent chaque fois, comme si c'était toujours la même découverte, celle des Sumériens, là-bas, dans le Moyen-Orient de maintenant, chaque enfant retrouve le geste du bâton, du point, avant de dessiner les arrondis, les liés, la phrase originelle. La vieille parle seule (elle parle souvent seule). Elle sait bien que l'enfant tout près d'elle n'écoute pas, mais elle poursuit son envolée, espérant secrètement percer la carapace de la petite par la musique de ses mots. Elle se penche sur une poubelle, farfouille, sort avec bonheur un stylo encore à demi plein de sève, un briquet qui crache quelques flammèches (un cadeau pour Max), un drap déchiré (ça sert toujours un chiffon, on peut s'y enrouler les mains quand il fait trop froid ou alors enturbanner ses cheveux en sortant de la douche, ou encore fabriquer un petit pense-bête en le nouant et en l'accrochant sur le chariot), un sac à dos Mickey bleu et rose (elle y rangera ses affaires de toilette, ce sera quand même plus élégant que son sac de plastique jaune).

– Une bonne cueillette, tu ne trouves pas Salomé ?

Salomé suit, regarde à peine, marche, s'arrête, attend la vieille, repart avec elle, se met à son pas, doucement, à petits pas fatigués.

L'une parle, l'autre avance, rien ne les unit et pourtant elles sont déjà inséparables, deux oiseaux sur la même branche, l'un chante, l'autre pas, l'un picore, l'autre pas, mais ils sont là, indissociés, sans savoir ce qui les lie l'un à l'autre. Le vent peut-être, un fil invisible, une portée commune, le silence entre eux comme un filet.

La vieille fatigue de trop de mots, de trop de pas. Elles rentrent à la maison, c'est l'heure de la salle des pas perdus. Arrêt à l'épicerie, chips, tu veux du chocolat Salomé, je sais pas dit Salomé, alors la vieille achète du chocolat, noisettes et lait, parce que l'enfance c'est toujours le lait, et les noisettes, ça réveille, ça croque et ça dérange sous les dents. La petite doit être dérangée de ses cauchemars, la vieille ne sait pas trop bien comment s'y prendre, elle ne sait plus faire avec les petits depuis si longtemps.

Salle des pas perdus. Henri se laisse manger une fois de plus par sa colère, ça réveille un peu la petite qui s'appuie contre la vieille, comme apeurée de sortir aussi violemment de son monde du dedans. La vieille aime cette épaule contre la sienne, elle aurait presque envie qu'Henri ne se taise jamais. Élie regarde la fille par en dessous et lui demande vivement, d'un coup, dans le silence qui vient de s'installer (Henri somnole) :

– Est-ce que tu sais Salomé que Dieu est noir ? Est-ce qu'on t'a appris ça à l'école ?

Salomé écarquille les yeux, la vieille lui presse doucement le bras (n'aie pas peur, ne crains rien, Élie est comme ça, des illuminations soudaines, ça va et ça vient, c'est un ange Élie, il vient de là-haut, un ange ça peut pas être méchant, ça voit des choses que nous ne pouvons voir, n'aie pas peur Salomé), puis Élie reprend ses marmonnements et la petite se détend, s'amollit un peu, pèse contre l'épaule de la vieille avec soulagement.

La vieille est lasse, l'enfant aussi montre des signes de fatigue, elles se lèvent d'un même mouvement, se dirigent vers leur chambre. La petite ne veut pas prendre le duvet, l'oreiller, la vieille accepte l'oreiller, mais refuse le duvet, s'enroule dans sa couverture, tout contre la petite. Elles se couchent. Le sommeil ne vient pas. La vieille est troublée par ce petit corps sans mots, la jeune fille ne sait pas pourquoi, mais cette vieille lui fait du bien, elle sent qu'elle a été ramassée comme une pile électrique, comme le cahier d'écolier, elle n'a donc pas fini à la poubelle. La vieille lui parle comme si elles se connaissaient depuis toujours, pas de reproches, pas de questions.

– Madame, vous dormez ?

Non, la vieille ne dort pas, bien sûr qu'elle ne dort pas, elle ne s'endormira que lorsqu'elle sera sûre que l'enfant aura trouvé le sommeil, et un peu de la paix qui lui manque tant.

– Non, lui répond la vieille, je ne dors pas.

– Madame, vous savez, je ne m'appelle pas Salomé.

– Ah bon! soupire la vieille, c'est pas grave, dors maintenant, Salomé.

Chapitre 4

Trois jours sans d'autres mots que bonjour madame, je sais pas, bonne nuit, merci. La fille s'est habituée aux tournées de la vieille. Elle voit le chariot se remplir dangereusement, mais aide la vieille à pousser, glisser, empiler les nouveaux objets, s'assied quand la vieille s'assied, attend qu'elle ait fini de lire ses journaux et se perd dans des rêves tristes, laisse la place à ses jambes fatiguées, se lève quand elle se lève, se couche quand elle se couche. Les amis de la vieille ne lui font plus peur, sauf peut-être un peu Max quand il se met à hurler d'un coup alors qu'on ne s'y attend pas, avant de se rendormir en ronflant. Elle a aidé la vieille à huiler la roulette. Elle l'a attendue quand elle a fait la manche et compté sa petite monnaie en marmonnant d'incompréhensibles reproches à la vie, ou peut-être seulement à l'indifférence.

La vieille prend plaisir à la compagnie de cette enfant. C'est vrai, elle ne parle pas, mais elle est là, peut-être un peu moins absente déjà. Comme si les mots commençaient à se frayer un chemin jusqu'à elle. Doucement, sans la brusquer. La vieille voit bien le cillement de sourcil, le frémissement de ses lèvres, comme si elle allait dire un mot, qu'elle tait, reprise un instant par une image invisible. La vieille ne lui posera pas de questions, elle doit s'apprivoiser, la parole reviendra, un jour, bientôt, espère la vieille qui se demande malgré tout quel est le monstre qui terrasse l'enfant. La vieille n'a plus de cauchemars depuis qu'elle a rencontré Salomé. Elle est toute à l'enfant, même si elle s'en cache. Ne surtout pas l'effrayer, laisser venir, pas de train à prendre, pas d'heures à comptabiliser, juste des jours et des nuits, vivre et s'endormir, marcher et s'arrêter, chercher, trouver, fouiller le fond des corbeilles, sans espérer de réponses, juste de nouvelles questions. Et laisser s'approcher Salomé, la sentir plus serrée contre son épaule, effleurer sa main sans lui faire peur, attendre sans attendre, goûter chaque instant de rémission (une esquisse de sourire, un merci plus articulé, sa tête qui s'appuie sur son bras, un souffle dans ses cheveux qui lui fait clore les paupières un instant).

Le troisième soir, la jeune fille, avant de s'endormir, dit à la vieille :

– Je suis fatiguée, tu sais. Demain, je te raconterai, tu veux bien ?

La vieille passe sa main sur la joue de la petite et lui murmure :

– Dors mon petit, dors, demain est un autre jour, demain, si tu veux, tu me raconteras.

Et la vieille a attendu le matin, entre deux sursauts, d'un sommeil à fleur de rêve, comme si elle craignait que l'enfant ne s'envole et ne la laisse seule, l'abandonne maintenant.

Le matin est arrivé, elles ont accompli les rites incontournables, Josépha leur a raconté le retour de son homme, la vieille a dû l'arrêter avant que la conteuse ne donne les détails intimes de sa nuit de retrouvailles («Josépha, lui a-t-elle soufflé en riant, Salomé est peut-être un peu jeune»), et les deux sont remontées dans le hall, la vieille encore sous le rire des contes de la princesse pipiri. La jeune fille a tiré la vieille vers un banc, s'est assise. Silence.

La vieille a senti qu'elle devrait ce matin renoncer à chercher. L'enfant lui apporterait ses mystères sans qu'elle ait à tendre la main ou à se pencher sur elle. Elle s'est assise à côté, a regardé la ronde des hommes et des femmes qui couraient, baguenaudaient, allaient de long en large, hâtaient le pas, traînaient les pieds, toujours l'œil sur la pendule, le panneau d'affichage, un agenda, une montre, le quai, leurs pieds, leur sac, leur valise, leur portable. Elle a laissé partir les trains, le Béziers, le Marseille, l'Avignon, le Clermont-Ferrand, le Lyon-La Part-Dieu, sans un mot, sans un bruissement.

La jeune se racle la gorge, elle s'apprête à parler. Les mots franchissent le bout de ses lèvres, d'abord désordonnés, puis peu à peu cohérents, se cognent dans sa bouche et se jettent au-dehors, dans tous les sens.

– Je ne m'appelle pas Salomé. Mais si tu veux. Salomé, pourquoi pas, je suis personne de toute façon. Dans Salomé, il y a une histoire, une légende que je ne connais pas, mais qui s'inscrit dans des livres, je la connais pas, mais je sais qu'elle existe d'avant moi, un nom qui dit quelque chose, mais je ne sais pas quoi, pourquoi pas Salomé, c'est mieux que personne.

Tu sais ce que ça veut dire, personne ? Ça veut dire que je n'existe pas, que je suis moins que rien, parce que rien, c'est déjà quelque chose qui manque, mais moi, je ne manque pas parce que je n'existe pas et qu'on ne peut pas même me mettre en face de quelqu'un puisque je ne suis personne. Quand tu ne trouves rien dans tes poubelles, tu sais que ce n'est rien parce qu'il y a des jours où tu trouves quelque chose, ton rien, c'est le manque de ce quelque chose. Mais personne, ce n'est pas le manque de quelqu'un, personne, c'est même pas un vide, si personne ne naît, alors on ne pense pas, tiens, il n'y a personne à naître aujourd'hui. Non, on ne pense pas, on n'y pense même pas au fait que quelqu'un aurait pu naître. On ne s'en fout même pas. Tu comprends ça ?

Il y a qu'un jour je suis née et que ma mère a dit, toi, tu n'existeras pas, tu ne seras même pas rien, tu ne seras pas une personne. Tu seras personne en personne. Personne n'a su que j'étais née, et elle, elle s'est dépêchée d'oublier, et c'est comme si je n'étais pas née. Pas de manque, les bébés naissent à la pelle, moi, je n'étais née pour personne.

Ma mère m'a oubliée, sortie d'elle, comme elle serait allée aux toilettes. Elle a tiré la chasse et elle est partie sans demander son reste. Personne. Disparue ma mère, débrouille-toi ma fille, tu n'es plus dans mon ventre, je t'ai lâchée dans cet hôpital, je te laisse, tu m'as déjà trop coûté, neuf mois à te supporter, supporter personne, ces coups de pieds, ces retournements, ces bouleversements, tu m'as fait vomir mais j'ai pas réussi à me débarrasser de toi, tu t'es accrochée comme personne ne peut s'accrocher, alors qu'on ne voulait pas de toi, faut être têtue, faut pas d'amour-propre, mais moi, je t'ai eu dans le ventre, je ne te voulais pas, je t'ai cachée, j'ai avalé des plantes qui devaient t'être mortelles, mais toi, tu n'as pas voulu partir. Tu as pris tes aises, tu m'as bouffée de l'intérieur, tellement que j'ai pleuré chaque jour de toi dans mes entrailles.

Elle ne m'a pas donné de nom, je suis née sous X, autant dire pas née, quand on dit Monsieur X, on ne parle de personne en particulier, c'est un terme générique. Je suis une X, l'inconnue dans les équations, celle qui désespère d'être un jour retrouvée.

Ma mère est partie sans seulement me donner un prénom. Alors, Salomé, pourquoi pas ? C'est plus pratique un prénom sur un corps, mais ce n'est pas indispensable non plus, tu sais. Si le corps disparaît, plus besoin de prénom, d'X ou d'Y. Y a plus d'équation. Plus de problème non plus. Ma mère est partie, détachée de moi, à jamais, sans un fil tendu pour la faire souffrir, sans une cicatrice, expulsée.

Elle n'a laissé sur son chemin qu'un peu de chair.

Mais tout ça, je l'ai pas su tout de suite, parce qu'on oublie, je me suis dépêchée d'oublier, comme font les bébés quand ils naissent, on peut pas vivre avec ce souvenir, sinon, on en mourrait, et moi, je suis pas morte, même les plantes qui tuent n'avaient pas eu d'effet sur moi, alors, t'imagines bien que la vie ne pouvait plus rien contre moi. Personne. Pourtant en vie. Un reproche vivant. Une trace indélébile.

La fille se tait, cherche la salive dans sa bouche, mouille ses lèvres des larmes qui ne coulent pas sur son visage mais qui tombent au-dedans, en boules qui se prennent et s'accumulent dans sa gorge, comme de grosses balles qui ne passeraient pas, trop lourdes, trop compactes.

La vieille ne bouge pas, elle n'ose pas un geste. Elle sent bien que l'enfant n'a pas fini. Alors elle prend garde de ne pas l'effrayer, ne serait-ce que d'un battement de cils ou d'un soubresaut d'émotion. Attendre. Sans un souffle.

La fille se racle la gorge, reprend son monologue, d'une voix plus ferme, moins hachée :

– Je l'ai oubliée, cette naissance. Elle m'est revenue alors que je croyais exister, être quelqu'un. On m'a fait croire que j'étais née d'une autre mère, d'une mère et d'un père aimants tous les deux. Non seulement j'avais une mère, mais aussi un père. Mon père ? Imaginer qu'un homme un jour aurait pu toucher cette femme aussi froide, aussi absente ? On m'a bercée avec douceur dans une maison, on m'a couverte de nounours en peluche, de poupées, on m'a accompagnée à l'école, premier jour d'école, photo dans un album, on m'a fait des sapins de Noël, étoile tout en haut, petit Jésus dans sa crèche, Joseph et sa Marie qu'il n'a jamais touchée, c'est ça que j'ai appris au catéchisme, une femme peut mettre au monde un enfant sans père apparent, juste un père céleste, un qui n'a pas besoin de faire l'amour pour planter sa graine, enfant sans père, enfant aimé, on m'a inventée deux grands-mères, deux grands-pères, on m'a choyée, on m'a inventée, mise dans la peau de quelqu'un, un bébé qui fait ses premiers pas, une petite fille qui pleure et qui rit, qui fait des caprices et dit des mots d'enfant notés dans un petit carnet, un petit carnet rouge et or, une adolescente, sale caractère, premiers amours, larmes de rage, une jeune fille à qui on a donné un nom, un prénom, et même deux prénoms. On m'a élevée dans l'amour de quelqu'un que je n'étais pas puisqu'en vérité je suis une X, une inconnue. J'y ai cru, j'ai vraiment cru que j'existais, que le sang de ce père et de cette mère coulait dans mes veines. Je saignais même, j'avais des bobos, comme les enfants normaux. J'ai même été opérée de l'appendicite, on est venu me voir dans un hôpital, j'avais un lit à moi, mes livres, mes affaires, mes vêtements, ma brosse à dents, mon avenir, ma vie. Et en fait, tout ça ne m'appartenait pas. Tout ça, j'y ai cru, ils m'ont fait croire que j'étais celle-là, et moi, je leur ai fait confiance. Je les ai appelés Papa, Maman, Grand-père, Grand-mère et Mamie et Papi. En fait, tout était mensonge. Je n'étais personne, une chose ramassée, un corps qu'on a rempli de mensonges, de faux-semblants. Cet amour qu'ils croyaient me donner, ils ne me le donnaient pas, comment auraient-ils pu puisque je n'existais pas, ils l'ont donné à l'enfant qu'ils auraient aimée avoir, qu'ils ne pouvaient pas avoir. Je ne suis pas née de leurs corps, ils ont fait comme si. Celle qui se dit ma mère n'est rien d'autre qu'une femme stérile. Personne ne naît du ventre d'une femme stérile. Ils ont fait comme si j'étais de leur chair, le prolongement de leur histoire et ils ont construit leur rêve sur mes épaules, créant leur personnage, l'enfant qu'ils ne pouvaient mettre au monde. Ils ont fait semblant de me mettre au monde.

Et puis un jour, c'était dimanche dernier, justement un dimanche, ils ont fait un grand repas, m'ont fait choisir ce que je voulais manger. C'était mon anniversaire. Ils ont invité la famille, leur famille, ils ont mis la nappe blanche aux broderies anglaises, les verres en cristal, ils ont acheté des cadeaux, un anniversaire quoi, une fête, le rappel de ce si beau jour où une mère donne la vie à un enfant et découvre l'amour de la chair de sa chair. J'étais quelqu'un, la fille unique d'une famille aimante. Ils ont attendu le dessert pour m'annoncer qu'ils m'aimaient comme leur fille, mais que je devais savoir que ce n'était pas vrai. Je n'étais pas leur enfant, ils m'avaient adoptée, à trois semaines, ils m'avaient donné leur nom, des prénoms, et ils m'avaient élevée sans jamais oser me révéler la vérité. L'heure était venue de me dire qui j'étais. J'étais grande maintenant, en âge de comprendre. Qui je n'étais pas. Et moi, un bout de gâteau dans la bouche, j'ai appris que cet anniversaire n'était pas le mien, que celle qu'ils avaient appelée leur fille n'était fille de personne, née sous X, abandonnée par sa mère qui ne voulait pas d'elle. Que tout ce monde que je croyais le mien n'était en fait que le monde qu'ils avaient imaginé sans moi, un monde rêvé où celle que je suis vraiment, personne, n'avait jamais eu de place. J'ai usurpé la place d'une autre. J'ai usurpé la place de cet enfant qu'ils avaient désespérément désiré. Moi, je n'ai pas été désirée, moi, je n'ai pas été aimée. Moi, je suis une autre. Sans nom, sans prénom.

La jeune fille se tait. Elle retrouve son regard sans tain, les signes s'effacent sur son visage. Elle n'est plus belle. Inaccessible seulement.

La vieille a laissé passer les anges, a bu ses larmes. Plus un pas dans la gare, plus un bruit. Juste elles deux dans cet espace soudain désert.

Les minutes, les heures passent sans elles. La vieille est brûlée de mots, elle n'a rien à dire, tout a été dit. Cet enfant n'existe pas et pourtant elle est là, près d'elle, silencieuse maintenant. L'enfant et elle-même n'existent pas, absentes du monde des vivants.

Elles pourraient rester là jusqu'à la fin des temps, sans bouger, mais la vieille sent tout à coup quelque chose à l'intérieur de son ventre. Un grognement, une douleur qui pointe, de petits coups pointus contre la paroi de son estomac. La vieille a faim. Et la faim, ça, c'est plus fort que tout pour la vieille, la faim, ça obture toute issue, ça fait s'envoler les pensées, la tristesse. Le corps a ses raisons, qui n'ont rien à voir avec le malheur ou le bonheur. Il gronde, exige jusqu'à tout balayer, tout virer. La vieille a faim, et son ventre réclame son dû, sa part. Ultimatum : la bouffe ou la torture.

Alors la vieille prend la main de la jeune fille, celle-ci sursaute, elle avait oublié qu'elle était vivante, sur un banc, près d'une vieille inconnue.

La vieille se lève, tire l'enfant : j'ai faim, viens Salomé, il faut y aller, on va manger maintenant.

Chapitre 5

Salomé a mangé, Salomé a dormi. La vieille a repris ses longs monologues. Elles ont marché, dormi encore. La vieille ne pose pas de questions à l'enfant. Mais elle se repasse le film de ses confidences, encore et encore. Elle explore les recoins de chacun des mots qu'elle a entendus, elle ajuste des gros plans, zoom arrière sur une phrase, sur une virgule, sur l'absence de points, moteur on tourne, plan à plan, montage des séquences, démontage, machine arrière toute, cherche la faille, ne trouve que des failles, personne, l'enfant a dit « personne », n'être personne, comme elle, la vieille, qui n'est plus personne, deux personnes, deux négations font une affirmation, l'une à l'autre s'affirment, deviennent quelqu'un parce que moins par moins égale plus, c'est mathématique, et pourtant la vie ce ne peut être cela, la vie c'est plus que cela. Comment sortir de ce cercle où elle, la vieille, retrouve pourtant le sens qu'elle a perdu en route il y a bien longtemps, pour une enfant, perdre et retrouver l'enfant et retrouver le goût et retrouver le chemin qui tourne et contourne, chemin de traverse, détour, elle qui fait chaque jour depuis des années les mêmes gestes, les mêmes mots, les mêmes cauchemars, les mêmes rêves d'absence, et tout à coup la présence de cette gamine entre deux âges, trop grande et si petite, pas encore née et déjà presque adulte. Elle se cache de ces pensées en faisant semblant de lire, de fouiller les corbeilles, de raconter des histoires dont elle perd le fil à chaque fois, parce qu'il n'y a plus de fil, ou un fil si fin, si transparent qu'il ne la conduit plus nulle part. Elle fait mine de s'endormir, de somnoler et les mots impuissants tournent dans sa tête. Apaiser la petite. Mais si elle s'apaise, elle partira, elle n'aura plus besoin de cette vieille qui fait miroir à sa vacuité. Réfléchir, la vieille réfléchit et puise son image chez cette petite et lui renvoie les signes du temps, la mort un jour et si la mort est possible, c'est que la vie devient possible aussi. Elle sait bien que l'enfant fuit auprès d'elle ses souvenirs et son avenir. Elle puise dans les gestes de ce quotidien hors du réel et en plein cœur du temps (horloges – pendules – trains en retard – panneaux d'affichages qui bornent les heures, les minutes, secondes – trop tard – train perdu – être en avance pour ne pas rater le départ) un peu de calme et de sérénité. La vieille sent bien que ce qui s'installe entre elles assouplit l'enfant, l'adoucit ; la répétition des instants apprivoise l'enfant. Les petits riens du jour, les mots sans fond, la répétition des choses amollit sa colère, la repousse un peu vers le dehors, pfuitt, va-t'en. Ses muscles perdent de leur raideur, moins ramassés, s'allongent, se détendent. Son pas change, il ne va plus nulle part, il apprend la ronde des jours et des nuits, hésite, trois pas en avant, deux pas en arrière, comme dans la comptine.

La vieille se met à compter les jours et les heures, elle se surprend à regarder l'horloge, les pendules, comme tous ceux qui passent chaque jour. Elle ne les voit plus, ces corps qui défilent en ombres chinoises. Elle avance avec l'enfant sur une toile.

Huit nuits ont passé (elle les a comptées), la vieille pense aux parents qui cherchent et se désespèrent de la perte de leur fille. Elle imagine leur angoisse, leur peur, leurs pires inquiétudes.

Elle se souvient de l'arrachement qui l'a déchirée un jour, il y a bien longtemps. Ce morceau d'amour mort un été. Elle se souvient de cette part d'elle qui l'a quittée, sa part manquante. Depuis, elle est en errance, bornant sa peau à des restes d'autrefois, quand elle était encore à la vie. Peut-être finira-t-elle par ne plus bouger, ne plus chercher, cesser sa quête d'un objet à jamais introuvable. Cette rencontre bouleverse l'ordre qu'elle a mis tant de temps à établir, de son carton aux toilettes, des corbeilles aux poubelles, de la salle des pas perdus au carton. Elle s'est remise dans le temps, « la marche du temps », comme disent les livres d'histoire, elle qui croyait y avoir échappé en s'arrêtant dans cette gare (poussière prête à se déposer, sans un bruit, sans personne pour la balayer ni la retenir). Là, elle observe les aiguilles des pendules, espère trouver une montre perdue pour la mettre à son poignet, la cherche désespérément au fond des poubelles, pour la nuit, mesurer les heures, compter le temps qui l'approche de la séparation. Attendre.

Alors la vieille a décidé de précipiter le moment. Elle a beaucoup pensé, et tout à coup elle a proposé à Salomé : et si, aujourd'hui, on allait se promener ? Et si on allait voir Paris ?

Salomé a été surprise, elle s'apprêtait déjà aux chemins habituels, réglée comme une horloge, a pensé la vieille. Elle s'est assise sur le carton, les yeux encore pleins de nuit. Elle a plissé la peau de son front, remuée par cette idée qui forcément perturbait ces moments organisés par la vieille dans une partition bien réglée de mieux en mieux jouée, sans fausse note, se lever, se laver, faire pipi, marcher, s'asseoir, pousser le chariot de la vieille, marcher, s'asseoir, manger, marcher, s'asseoir, se coucher, écouter les bourdonnements de la vieille, poser sa tête sur son épaule, dormir et se lever…

La vieille attend, inquiète, plus sûre du tout de son plan, regrettant déjà de ne pas avoir su patienter encore un peu.

Et puis la petite sourit, répond pourquoi pas, et elles quittent la gare comme pour un long voyage. La vieille a confié son chariot à Yvonne en lui donnant mille conseils (faites-y bien attention, Yvonne, des jours et des jours de travail, mes trésors, des bouts de vie, mes bijoux, mon butin), elle a glissé sa boîte à sucre dans son sac, un grand panier déficelé mauve sur son épaule.

Salomé a pris son bras.

– Paris est à nous, a-t-elle murmuré.

La vieille serre le bras, s'appuie sur l'enfant et trotte dans les couloirs du métro. Direction les quais de la

Seine, aujourd'hui bords de l'eau, flânerie poétique, tourisme. Un autre départ, loin des trains qui partent chaque jour sans elles.

Descendre dans les couloirs aux néons, forcer le passage du tourniquet. La fille saute et tient le portillon, la vieille rentre son ventre et s'écrase les fesses contre le tourniquet qui cède à la pression, rires. Salomé retrouve des gestes oubliés et les apprend à la vieille, cheminer dans les dédales du dessous de la terre, laisser passer les furieux, les pressés, les rêveurs, les amoureux, les fatigués, les blasés, glisser, se mettre au même pas, sauter les marches, observer les visages, lire les titres des livres par-dessus des épaules et se faire des clins d'œil, changer de rame et changer de couloirs et à nouveau laisser passer les hommes et les femmes, remonter à la surface, retrouver le ciel, les nuages baignés dans le bleu, traverser en levant le bras, halte, à nous la rue, à nous le passage, la vieille fait le pitre, joue la touriste rebelle. Bord de Seine. Se poser, se reposer avant de commencer le véritable voyage.

Le visage de la jeune fille s'ouvre. Elle prête son visage à la caresse, une lumière dans ses yeux (première lueur après l'obscurité, se dit la vieille), elle réapprend la parole des petits riens (regarde cette femme comme elle tient son chien dans ses bras, et cette fenêtre là-haut comme une maison de poupées, tu vois ce nuage, on dirait un dragon, si, je t'assure, mets-toi comme ça, tu vas voir, un énorme dragon, non, viens par là, tu ne peux pas ne pas le voir), elle sautille au-dessus des feuilles, esquisse un pas de danse pour laisser passer une poussette, un vieillard boiteux. Légère, toute légère, la vieille ne reconnaît plus la jeune fille grave et silencieuse. Le monstre s'est endormi (ou peut-être se meurt-il sans bruit ?).

Mais la vieille découvre sa merveille du jour quand Salomé part d'un éclat de rire à pleine gorge, un bouillonnement soudain qui expulse le silence, le vide de ces derniers jours. La vieille n'en croit pas ses yeux ni ses oreilles, ni ses mains ni ses jambes qui tout à coup deviennent légères.

Emportée par l'humeur badine de la petite, la vieille a joué la scène du clown, en pleine rue. Elle a interpellé un homme qui venait de toucher les fesses d'une femme dans le secret de la foule (la vieille a l'œil). La femme s'est dégagée, la vieille a crié :

– À qui la main ? À qui la main qui touche sans y être appelée ? Tu es qui, toi, le petit bonhomme avec ton pantalon noir qui te serre le kiki, pour croire qu'une femme belle comme ça ait envie de tes mains sur elle ? Oui, je te parle, oui, lui, vous le voyez avec sa chemise à rayures bleues ? (La vieille lui attrape le bras.) Qui veut de ses mains ? Qui ? Voilà un homme qui a besoin d'amour, qui ? Y a pas une femme, un homme, pour lui apprendre qu'on ne touche pas impunément, qu'une caresse, ça se mérite, ça ne se vole pas ? Y a pas une femme, y a pas un homme pour lui faire cadeau d'un peu de tendresse, parce qu'il en manque, ce petit bonhomme, c'est pas possible de chercher l'amour et le plaisir comme ça, tout seul.

La vieille lui passe la main sur les fesses, lui pince un bout de chair, pas trop fort presque tendrement, (presque une douceur), et lui jette un :

– Alors bonhomme, c'est bon, si t'en veux encore, va falloir apprendre à être sage !

L'homme se débat, se dégage, parvient à fuir quand la vieille veut bien enfin le lâcher sous les regards amusés de la foule (la femme a disparu, vite, pas ravie pour un sou de ce cirque).

La petite sur le trottoir rit à n'en plus pouvoir, une explosion. Elle s'assoit contre le parapet du quai pour reprendre son souffle, grelot d'enfance, un fou rire, un vrai de vrai.

Elle est belle se dit la vieille, vraiment belle. La vieille se pose contre elle, comme elle peut, le trottoir est si bas, sa poitrine la gêne un peu, son ventre se plisse, ça lui coupe la respiration, s'asseoir par terre, à son âge, on aura tout vu, se dit-elle. Cette gamine m'embarquera dans les pires aventures, les plus incroyables et les plus belles aussi. Elle est tout près de l'enfant (soubresauts de son rire comme un courant électrique qui passe par elle), allonge ses jambes, son dos contre le muret de pierre, et sourit. Elle regarde sa petite, ébahie, au-dedans elle sent quelque chose de doux qui remonte à son visage et empourpre ses joues. Le plaisir. Peut-être même le bonheur. Elle avait oublié.

– J'ai faim, dit l'enfant qui se calme doucement, entre deux hoquets. Virée jusqu'à Saint-Michel, un sandwich grec qu'elle croque à pleines dents, la vieille mastique comme elle peut, bouche trop petite, quelques dents qui manquent, mais pas l'appétit. Une vraie grosse faim rassasiée.

Retour à la Seine, journée plage, dit la vieille, traîner les pieds devant les bouquinistes. La jeune fille s'arrête et feuillette des livres d'images, montre à la vieille un dessin, une BD, une peinture, («Tu connais Michka?» demande-t-elle à la vieille. «Oui, Michka et son roitelet moqueur, lui répond la vieille, je m'en souviens, je le racontais», puis elle s'arrête et l'enfant ne demande rien et passe à autre chose), lit un début de roman à voix haute (voix grandiloquente, genre Comédie-Française), ferme le livre brutalement quand le vendeur lui jette un œil qui va forcément amener un mot désagréable, une plainte, un reproche et tire la vieille vers un autre marchand en lui faisant un clin d'œil (viens vite, ça va chauffer).

La vieille ne peut plus s'empêcher de regarder l'enfant, d'observer ses gestes et ses doigts qui reprennent vie, qui touchent et manipulent et s'impatientent et caressent. La vieille est lasse, besoin de se poser un peu, d'étendre ses jambes. Elles descendent les marches jusqu'à la Seine, s'installent sur un banc.

La jeune fille accroche le regard de la vieille, c'est la première fois qu'elle ose, la vieille lui sourit. La jeune fille retrouve un visage grave, intimidé.

– Qu'y a-t-il dans ta boîte à sucre?

L'enfant s'éveille, la vieille ne peut s'y soustraire. Elle ne pouvait pas espérer depuis des jours ce retour à la vie sans accepter cette question. Elle aurait voulu l'éviter, mais cette question-là, c'est la seule qu'elle aurait dû imaginer, la seule qu'elle a refusée d'imaginer. La petite a envie de savoir, enfin elle a envie de quelque chose.

Alors doucement, elle sort la boîte de son sac et la tend à l'enfant. Celle-ci hésite, explore le dehors, touche, sent le frais du métal sous ses paumes, passe son index sur les angles, fait le tour du couvercle dans une caresse. Le port de Saint-Malo reproduit entre deux petits points de rouille sur fond blanc. Le couvercle écrit *Saint-Malo, cité corsaire*. Le port, deux trois-mâts en premier plan, en arrière-plan les hautes maisons, toutes pareilles, alignées, brunes. Ciel et nuages, la mer a des reflets de fin de journée. Sur les côtés, l'emblème de la Bretagne, croisillons celtes répétés à l'infini dans une régularité horlogère.

La vieille a peur. Laisser l'enfant ouvrir sa boîte de Pandore, l'autoriser à jouer avec son passé, sans rien dire, alors qu'elle a envie de hurler : *Lâche ça tout de suite ! Ne touche à rien ! Fiche-moi la paix ! Va-t'en, t'as pas le droit ! Je ne t'ai rien demandé moi, je ne te dois rien à toi.* Bien sûr qu'elle ne peut pas dire ça, bien sûr que ça lui revient d'ouvrir cette boîte, qui d'autre aurait pu le faire ? Seule Salomé peut la déposséder d'elle-même. Seule Salomé. Juste retour des choses.

La jeune fille sent la colère de la vieille. Elle hésite, pose la boîte, la reprend. C'est trop fort, et puis elle l'a bien ouverte sa boîte, elle aussi. C'est vrai, la vieille ne lui a pas posé de questions. Elle ne l'aurait pas supporté, elle se serait enfuie. La vieille sent ces choses-là. Non, elle n'a rien dit, elle l'a poussée à se lever, à marcher, à manger, à retrouver les pas sous ses pieds, la fatigue de la fin du jour, le sommeil sans rêves.

N'empêche qu'elle a bien le droit, qui est cette femme qui ne pose jamais de questions, qui ne parle jamais d'elle, qui se délie la langue dans une logorrhée sans relâche pour décrire ses trésors, vieux machins ramassés aux ordures ?

N'empêche qu'elle veut savoir ce qui se cache là, au fond de cette boîte comme au fond du corps de la vieille. N'empêche qu'elle va l'ouvrir et qu'elle l'ouvre, cette boîte à sucre, la vieille ne dit plus rien maintenant. Elle sait se taire, elle aussi.

L'enfant commence l'inventaire. La vieille a fermé les yeux. Elle fait semblant de s'endormir. Ou alors elle ne peut pas regarder.

Une vieille photo noir et blanc, dentelée sur les bords. Une femme, un homme, un bébé, milieu de siècle, peut-être avant la guerre, sur fond d'herbe grise parce que sans couleur. La femme, brune, peau du Sud, sourcil épais, chevelure sur les épaules, grosses créoles aux oreilles, une mouche au coin de la lèvre, belle. L'enfant cherche sur le visage de la vieille un signe, une ressemblance. Oui, c'est elle, cette femme à la jambe fine, jupe droite au-dessus du genou, chemisier clair échancré jusqu'à la naissance de ses seins. Des seins pleins qui laissent une trace sur sa gorge.

Maternelle. L'homme, les yeux clairs, grand, d'une minceur presque trop prononcée dans un uniforme militaire. Il a la main posée sur l'épaule de la femme qui tient le bébé dans ses bras. Maternelle. Tous les deux regardent l'objectif, droit devant. La fille retourne la photo, une date. Mille neuf cent quarante et un, tracé au stylo noir, en lettres comme dans les vieux cahiers d'écolier, longs jambages fins, élancés.

Dessous, une enveloppe, à l'intérieur, une lettre sûrement, quelque chose d'épais. L'enfant ne la lira pas.

Elle soulève encore. Un livret de famille, scotché et rescotché, brun délavé, taches brunes. À l'ouvrir peut-être il partirait en lambeaux. Elle ne l'ouvrira pas.

Un dessin d'enfant : une maison, un arc-en-ciel, un arbre, un soleil orangé.

Une pierre plate de ruisseau peinte d'un trait de peinture blanche, une arabesque, sorte d'entortillement en escargot. Galet lisse et doux dans la main.

Une paire de créoles en or. Celles de la photo.

Un petit carnet. Couverture de soie rouge. Salomé pense ça doit être ça la moleskine, un peu fripée, écornée, usée, un crayon accroché au bout d'une ficelle dorée dans sa tranche. Dedans, des traces, des phrases. Elle ne les lira pas.

Une grosse clé qui a dû ouvrir une porte de bois aux gonds épais de fer forgé. Clé de conte, clé de Barbe Bleue qui ouvre sur l'interdit, un monde de fées et d'histoires, Anne, ma sœur Anne, ne vois-tu rien venir ? Une clé à passé, forcément. Salomé la tourne et la retourne, essaie d'imaginer la serrure qui l'a prise un jour, et la pièce derrière la porte, et les gonds qui grincent, parce qu'une clé comme ça va au moins sur une porte qui grince. Clé de maison ? Clé de hangar ? Clé d'enfance ? Une clé qui ouvre une porte qui s'ouvre sur une autre porte ? Elle la manipule, la retourne, la réchauffe dans ses doigts, la pose.

Une poignée de grains de sable entre l'orange et l'ocre, couleurs du désert, pas du sable de mer. Fin, doux, qui file dans la main, encore tiède d'un ailleurs, le Sahara pense Salomé, sable du Sahara, rêve de Touareg, de longues marches, de mirages, de soif, de chamelles qui protègent de la tempête, méharées qui chaloupent.

L'enfant referme la boîte délicatement, en prenant soin de ne perdre aucun grain de sable. Elle lève le regard vers la vieille, elle a les yeux clos.

L'enfant se penche sur elle. Ses lèvres embrassent sa joue et prennent le goût du sel.

D'un geste brusque la vieille se lève, débit saccadé, quelque chose de la rage de l'enfant, l'autre jour sur le banc de la gare. Brutalement elle crache un, on y retourne Salomé, tu mangerais pas un petit bout de chocolat ?

La jeune fille range la boîte à sucre dans le panier déficelé mauve, passe son bras dans le bras de la vieille et elles repartent vers la haut, retrouver la surface des choses.

L'animalerie, les magasins de plantes et d'arbres, elles baguenaudent bras dessus, bras dessous jusqu'à la nuit, Salomé s'émerveillant d'un chiot, d'une rose, d'un bambou géant qui touche le ciel, d'une orchidée mauve dans un pot vert, d'une lumière rouge de fin de journée. La vieille silencieuse suit l'enfant.

Sur le chemin du retour, l'enfant se penche sur une des poubelles de la rue du pont, elle a aperçu quelque chose qui dépassait. Elle en tire un bout de tissu de velours frappé grenat dans le geste du magicien qui fait sortir un foulard de son chapeau. Un souvenir d'écharpe, un bas de jupe peut-être, elle le pose délicatement sur l'épaule de la vieille, en caressant l'étoffe du plat de la main et lui murmure : pour notre boîte à nous.

Retour salle des pas perdus. Sans bruit.

Cette nuit, la vieille a du mal à trouver le sommeil.

Chapitre 6

L'enfant devient tendre avec la vieille. Elle n'est plus l'étrangère. Le lendemain matin, elle se lève et part acheter deux croissants, un café et un chocolat. Elle a un porte-monnaie dans son sac. Elle ne l'avait jamais sorti jusqu'alors.

– Petit déjeuner au lit, dit-elle gaiement en posant ses achats par terre.

La vieille ne reconnaît pas ce sourire près d'elle. Fatiguée, merci du bout de lèvres. C'est la petite qui plie le duvet, la couverture, ce matin, pousse le chariot jusqu'aux toilettes publiques.

Elle embrasse Yvonne, tire la vieille dans les toilettes, mais elle a envie d'une douche. Y a pas de douche dans le coin ? Si, viens, si tu veux, on peut aller aux bains-douches, c'est vrai pense la vieille, ça fait longtemps.

Dans la rue, la jeune fille s'anime.

– T'as quoi dans ton chariot, tu veux pas qu'on fasse un peu de tri, un peu de ménage aussi ?

La vieille est trop lasse pour se mettre en colère. Oui, elles feront ce tri, si Salomé veut, pas la force d'aller chercher quoi que ce soit aujourd'hui, pas la résistance. Elle n'a même plus cette dernière envie qui lui restait encore jusqu'alors.

La vieille suit l'enfant. Dedans, elle se débat avec les bouts de souvenirs oubliés. Les mots se battent pour être les premiers à cogner sa tête. Ça frappe et ça brûle, ça martèle et ça heurte. Elle avait oublié ce que c'était avoir mal.

Elle suit l'enfant comme elle pourrait s'asseoir quelque part et ne plus bouger. Elle n'a plus besoin de l'enfant, elle n'a plus besoin de rien. Mais elle marche poussée par l'impossibilité de dire non.

Bains-douches, retrouver les gestes, la serviette et le savon à l'entrée, les cabines au loquet vieille France, portes défraîchies, peinture verdâtre écaillée, le jet sur son corps, vieux, ses seins qui tombent sur les plis de son ventre, ses mains ridées, taches brunes qui mangent de plus en plus sa peau. L'eau brûlante coule sur elle.

La vieille pose ses yeux sur ses bras, sur ses jambes, plus rien ne peut les cacher maintenant, elle est nue. Les rides, innombrables cicatrices, guident les gouttes qui glissent sur elle.

Dans la cabine d'à côté, la gamine chantonne – *je sais, je n'ai offert que des bouquets de nerfs* – paroles incongrues sur une mélopée que la petite ponctue de sons qui rappellent le pincement des cordes du violon. La vieille laisse la douche l'arroser, n'utilise pas le savon, juste l'eau, rien de plus que l'eau. Elle est appuyée contre le mur, au fond, elle attend.

On cogne à sa porte. Salomé lui crie quelque chose, ça n'arrive pas jusqu'au cerveau de la vieille, elle doit bouger, retrouver ses mots.

Elle répond oui, j'ai fini, elle ferme le robinet, se sèche mollement et se rhabille. Elle a oublié de sortir des vêtements propres. Ce n'est plus très important, tout ça.

Salomé a changé de tee-shirt, il était temps se dit la vieille dans un sursaut de conscience, elle s'était habituée à l'immuable tenue de l'enfant. Ses cheveux sont mouillés, fripés par le séchage vif du frottement de la serviette. Elle s'ébroue comme un chiot, en jetant au passage autour d'elle des gouttelettes.

La petite accroche une nouvelle fois le bras de la vieille et l'embarque au-dehors en continuant à fredonner sa chanson *T'oublies or not t'oublies, les ombres d'opaline… qui ne vaut pas plus cher que ce bouquet de nerfs…* Pousse le chariot de la main droite en suivant le rythme de son intérieur. Tirer la vieille et pousser le chariot.

Salle des pas perdus, l'enfant a décidé de vider ce fameux chariot qui lui devient mystérieux. (Avant, elle n'y avait jamais pris garde, c'était un peu le sac à main de la vieille, quelque chose d'intime.) Maintenant, elle veut savoir ce que renferment les choses. Elle veut y mettre un peu d'ordre.

La vieille regarde l'enfant sortir ses affaires sans plus reconnaître les objets, les bouts de souvenirs, comme une étrangère. Elle dit oui à tout, Salomé s'agite, remue, classe, range, hésite à jeter mais ne jette pas, rit d'un vieux sandwich moisi et d'un réveil sans aiguilles, va quand même déposer le sandwich à la corbeille. Elle fait l'inventaire : culotte sale, culotte propre, rasoir anti-poils, fourchette à trois dents, boîte d'allumettes vide, tasse ébréchée en porcelaine de Limoges (fil doré sur la tranche et rose éculée sur le ventre), pavé (rescapé d'une rue de Paris ?), cartes postales déchirées (au dos, des bouts de mots, des phrases à reconstruire, souvenirs de Paris, je pense toi, bon souv… tu me…), cloche (de vache ???), lunette de toilettes bleue (fendue), bouteille de sirop contre la toux (homéopathique, ma chère), deux balles de jongleur multicolores (déchirées, des petites boules blanches s'échappent des coutures), un paquet de lessive entamé, une roue de poussette, sac plastique qui contient des sacs plastique, un morceau de planche (un bout de meuble ?), une cafetière électrique (sans fil), des boutons (de toutes les formes, une vraie collection), trois sacs à main (un en cuir rouge, l'autre en skaï noir, le troisième en tissu à fleurs, tous trois de guingois), une trousse de maquillage (rouges à lèvres de toutes les couleurs, quatre crayons de khôl, fards à paupières bruns et bleus, rose à joue, vieux tubes de fond de teint, du beige le plus clair au marron le plus sombre), et marteau et tournevis (cruciforme) et une pelote de ficelle (emmêlée) et des pans de tissus (chemise en lambeaux, tissu d'ameublement, bout de jupe, écharpe en charpie), un sac de vêtements (pulls, manteau, jupes, robes, caleçons, pantalons, toute une garde-robe à peine défraîchie).

Salomé trouve une logique de rangement. Elle assemble les objets selon des critères qu'elle commente à haute voix, elle parle toute seule. La vieille s'est endormie sur le banc, sous l'œil d'Henri et d'Élie qui sentent bien qu'elle n'est pas dans son assiette, mais qui n'osent rien dire. Salomé semble prendre les choses en main. Max rote bruyamment et retombe dans un demi-sommeil.

Salomé réveille la vieille pour lui annoncer que c'est l'heure de manger, alors elles évacuent la gare, boulangerie, la vieille sort un billet de son soutien-gorge et paie, puis mange son bout de pain. Elle n'a pas faim mais elle mange, lentement, mastique, prend le temps de tourner la mie dans sa bouche jusqu'à plus de goût.

Salomé fait la manche pour la première fois. Elle récupère six euros soixante-dix, ça la rend toute fière, ya pas de quoi pense la vieille, mais elle ne dit rien, elle se contrefiche de tout ça. Ses jambes sont traversées d'éclairs.

Ça la rassure presque la vieille, cette douleur qui a un nom, problème de circulation, vieillesse, varices qui gonflent. Elle a besoin d'aller dormir. Salomé l'accompagne et retourne sur le banc regarder les gens passer, ceux qui courent, ceux qui attendent, ceux qui rêvent, ceux qui marchent de long en large, ceux qui matent les jambes des filles, ceux qui ne voient rien, l'aveugle avec sa canne, le panneau d'affichage qui s'enroule en égrenant les minutes. Elle s'ennuie un peu.

Enfin, elle va rejoindre la vieille qui s'est endormie.

L'enfant se sent triste tout à coup, d'une tristesse toute neuve. D'abord, elle cherche pourquoi, sa journée a été plutôt agréable, même si la vieille aujourd'hui semblait fatiguée. L'ennui qui vient ? Cette vie qui n'est pas une vie entre la gare et la gare, la rue d'à côté à la gare, de la gare à la gare ? Non, elle aime bien cette vie-là, pour l'instant, c'est plus agréable que de retourner à l'école, de retrouver les copains, leur expliquer, oh non, elle n'a pas envie de cela, sûrement pas ça qui la rend triste ; petit à petit, elle pense à sa mère, à son père, se demande s'ils pleurent, s'ils ont prévenu la police. Elle serre fort les paupières pour forcer le sommeil quand le mot « manque » lui arrive d'elle ne sait où. Ses parents lui manquent. Sa mère, sa fausse mère, sa mère et son baiser du soir, les jeux avec son père, les clins d'œil complices, le dîner, les infos à la télé impossibles à écouter à cause des commentaires de la famille qui critique tout à tout bout de champ, et son prof de maths, son regard profond, inaccessible.

Salomé pleure doucement. Ses larmes la bercent, elle pose sa tête sur les seins de la vieille et éteint les feux sur une nuit calme, presque douce.

La vieille est gênée par ce corps trop lourd, ça la réveille. Elle ne bouge surtout pas. Sa main caresse les cheveux de l'enfant sans qu'elle sache comment ce geste lui est venu.

CHAPITRE 7

Aujourd'hui, la vieille reprend du poil de la bête (une expression de son père quand elle était enfant). Elle s'est mis dans la tête qu'il fallait prendre une décision. Salomé ne peut continuer à vivre comme cela. Elle sent bien que l'enfant commence à s'essouffler, elle a renâclé ce matin pour la tournée des corbeilles. Elle n'a pas voulu la suivre, elle est restée dans la salle des pas perdus. Elle l'a attendue sans bouger, sur le banc. Quand la vieille est revenue, Salomé lui a presque fait une scène. Elle a reproché à la vieille d'avoir été longue, de déranger le chariot alors qu'elle a pris tant de peine à le mettre en ordre la veille, et elle s'est plainte d'avoir faim et soif et froid.

La vieille n'a rien dit, mais elle a compris qu'il était temps maintenant de se séparer. Elle a beau y penser, elle ne sait pas comment s'y prendre. Surtout que dans le fond, elle n'a surtout pas envie de la voir partir, même si elle sait bien que c'est la seule solution. Il y a ce qui est bien pour l'enfant, nécessaire, indispensable, et il y a le sentiment de la vieille pour cette petite bercée et aimée.

La vieille sait et ne veut pas savoir, elle a cherché à retarder le moment de cette séparation, mais maintenant elle ne peut plus y échapper. La vieille a peur tout à coup de retrouver sa vie d'avant. La solitude, la survie du quotidien, l'inexistence.

La boîte de Pandore a été ouverte. Il est trop tard pour espérer la paix. Le travail de toutes ces années pour oublier et reconstruire le goût des petits riens, pour se tracer un parcours de plus en plus restreint pour survivre à la vie sans trop de dommages.

Elle a beau retourner dans sa tête ce qui est raisonnable et juste, elle ne trouve pas la force de se déchirer encore une fois.

Si elle dit à l'enfant qu'elle doit partir maintenant, où ira-t-elle ? C'est l'envoyer à sa perte, l'abandonner comme sa mère de sang l'a déjà abandonnée une fois. Lui demander l'adresse de ses parents ? Salomé se mettrait en colère, se sauverait. (Trop dangereux). Fouiller dans son sac à dos, chercher des papiers ? La petite ne s'en sépare jamais et si elle voyait la vieille fouiller dans ses affaires, qui sait comment elle pourrait réagir. (Prendre la fuite en pleine nuit ?)

Abandonner la vieille.

Elle ne veut pas imaginer cet abandon. On dit bien qu'avec le temps va, tout s'en va, mais quand on est dans la vieillesse, il ne reste pas toujours assez de temps pour effacer le chagrin.

L'enfant doit retrouver d'elle-même le chemin de sa maison, prendre seule cette décision. Ce sera déjà assez cruel pour la vieille. Mais elle l'acceptera parce qu'elle ne peut faire autrement. Mais la pousser à partir. Comment la vieille peut-elle s'y pousser, elle ?

Alors la vieille cherche la merveilleuse idée qui pourrait les rendre heureuses toutes les deux.

Les petits matins se succèdent, de plus en plus difficiles. Salomé montre souvent son mécontentement, devient exigeante, tourne le dos à la vieille le soir dans son duvet, lui fait des reproches de plus en plus injustes.

Un soir, la vieille trouve enfin son idée. Cette fois, elle sait. Ce sera pour demain. Elle sourit.

Dernière nuit près de sa petite.

CHAPITRE 8

Nouveau jour. Salomé a mal dormi. Elle dort de plus en plus mal. Le sol lui paraît dur, les courants d'air glaçants, et la promiscuité avec la vieille insupportable. Ce matin, elle se réveille avec une envie de vomir qui lui donne la bouche pâteuse.

La vieille est debout, elle lui dit qu'aujourd'hui c'est le jour du mandat, le jour du RMI, elle doit aller à la Poste. Alors, vite, faut se dépêcher, les bureaux ferment à midi moins le quart et il y aura la queue. C'est le jour pour tous les clodos de Paris, peut-être même de France et de Navarre, alors faut pas traîner, tant pis pour la toilette, ce sera pour plus tard.

Salomé la suit en bougonnant, direction la Poste. Elle jette son duvet en boule dans le chariot, va malgré tout rapidement aux toilettes et c'est le départ.

La vieille a des ressorts dans les jambes aujourd'hui, elle court derrière son chariot, c'est lui qui la tire tant il a pris de la vitesse. Salomé est obligée d'accélérer le pas, elle râle. Première à gauche, deuxième à droite, à gauche encore. La Poste.

Le jour du RMI, c'est la queue assurée. Une drôle de queue : certains se connaissent, s'interpellent, rient, se racontent les dernières nouvelles de la rue. D'autres se font tout petits, perdus dans la foule, impatients de passer au guichet et surtout de partir, de se sauver. D'autres encore lisent, ou mangent un sandwich pour passer le temps. Et il y a ceux qui font demi-tour.

Plus de quarante minutes avant que la vieille et Salomé passent au-delà des cordons qui contiennent la foule. Arrive enfin le tour de la vieille. Elle doit faire du slalom avec son chariot pour entrer dans le couloir entre les cordes rouges. Salomé l'aide à prendre les virages à angle aigu, sur deux roues, sous les applaudissements de quelques personnes de la queue. Le guichetier, la tête baissée, demande une pièce d'identité, regarde par-dessus ses lunettes pour contrôler la photo de la carte de la vieille et son visage, fronce les sourcils et tire des billets de banques et de la monnaie d'un tiroir-caisse. Il pose le tout sur le guichet après avoir demandé une signature à la vieille, ni chaleureux, ni désagréable, le stéréotype du fonctionnaire qui fait son travail sérieusement, sans passion.

La vieille ouvre un portefeuille, glisse les billets et la monnaie, les engouffre dans la poche de sa veste et reprend la sortie tout droit, puis à droite toute, sur deux roues.

Elle propose à Salomé une virée au café du coin, elles commandent au patron un chocolat et un café, le boivent debout, au bar, sans un mot l'une pour l'autre. La vieille paie en sortant ostensiblement ses billets de son portefeuille.

Le patron du café encaisse et murmure à la vieille :

– Madame, vous devriez quand même faire attention, vous savez, dans le coin, il n'y a pas que des anges, un mauvais coup est vite arrivé, faites un peu attention, ne sortez pas vos billets comme ça, devant n'importe qui.

La vieille le remercie, lui dit qu'il a bien raison et sort en laissant un bon pourboire sur le comptoir. Son portefeuille dans la poche de sa veste (rouge).

Le cafetier hausse les sourcils, ce pourboire-là, il s'en serait bien passé, cette femme, elle vient de récupérer son RMI, ça se voit comme le nez au milieu de la figure, et avec ça, il sait bien qu'elle n'ira pas bien loin. Il regrette. Il aurait pu lui offrir ce café et ce chocolat.

Salomé rentrerait bien directement à la gare, mais la vieille a l'air d'avoir envie de faire le quartier, poubelles dans les petites rues, sandwich dans un autre café, tablette de chocolat à l'épicerie, à nouveau un café. Elles sillonnent le quartier de long en large, depuis plus de trois heures et Salomé en a plus qu'assez.

Elle la tire par la manche et lui dit, maintenant ça suffit, on rentre à la maison.

La vieille surprise par l'expression jetée sans aucune tendresse, s'arrête et regarde avec douceur la petite. On rentre à la maison, se répète-t-elle dans sa tête, on rentre à la maison.

Elle ne voit pas tout de suite arriver les deux gars qui avancent vers elles, droit devant. L'un d'eux l'attrape soudain par le pan de sa veste. La vieille alors bouscule Salomé, la pousse violemment, le plus loin possible.

Salomé tombe en arrière, elle n'a rien compris, la vieille est devenue folle, se dit-elle, furieuse, prête à se relever. Puis elle voit les deux gars, le couteau dans la main du plus grand, la bagarre, le portefeuille dans la main du plus jeune, la vieille qui se jette sur lui, qui s'accroche comme une furie, mord, s'agrippe, le griffe pendant que le type lui donne des coups de pied, et elle, elle se cramponne, l'autre lui donne un coup de couteau, sur le poignet, sur la joue. La vieille gémit, finit par lâcher prise. Les deux gars partent en courant.

Salomé a regardé la scène sans rien faire, tout est allé tellement vite, elle ne s'est même pas relevée. Elle n'a pas même crié.

Elle saute sur ses jambes, rejoint la vieille qui pisse le sang de partout, une fontaine de sang, le visage boursouflé, un œil fermé. La vieille tient son ventre, roulée par terre.

Salomé lui crie :

– Non, attends, n'aie pas peur, je vais appeler les pompiers, non, s'il te plaît, ne bouge pas (comme si la vieille était en état de bouger).

Elle hurle, que quelqu'un appelle les pompiers, vite, à l'aide. Quelques personnes s'approchent, un homme au loin hurle :

– Je m'en occupe, j'arrive.

Salomé s'agenouille, parle doucement à la vieille :

– Je t'en prie, je t'en prie, je te demande pardon, j'ai rien pu faire, je te demande pardon, où as-tu mal, dis-moi, parle-moi, je t'en supplie, je ne te quitterai pas, tu sais, jamais, je t'en supplie, dis-moi quelque chose, pardon, pardon.

La vieille ouvre son œil vaillant, tente un sourire, mais ça fait vraiment trop mal.

– Salomé, tu vas mettre mon chariot au café, d'accord ? Et tu vas prendre ma boîte à sucre sur toi, tu veux bien ? Ne t'inquiète pas, beaucoup de sang mais rien de grave, tu sais, j'ai déjà connu ça, je m'en remettrai, t'inquiète pas, c'est pas ta faute, c'est moi, j'ai été imprudente, tu n'y es pour rien, heureusement que tu étais là, sinon, ils m'auraient peut-être crevée, ne pleure pas, les pompiers vont arriver, va ranger mon chariot au café, tu sais, le cafetier de tout à l'heure, le sympa. Va, avant que les pompiers n'arrivent. Tu veux bien venir avec moi à l'hôpital ? Ne me laisse pas seule, s'il te plaît.

Salomé fait ce que lui a demandé la vieille et revient au moment où les pompiers arrivent sirène hurlante.

Brancard, matelas gonflable sous le corps de la vieille pour ne pas risquer de la casser, ils s'y mettent à quatre pour la monter délicatement dans le camion, questions à la vieille :

– Où avez-vous mal, madame, c'est douloureux ici, vous avez du mal à respirer, on va arrêter le sang, ne vous inquiétez pas, on sera vite aux urgences.

Salomé tient la main de la vieille. Un jeune pompier, un peu étonné, lui demande si elle est de la famille.

– Oui, dit Salomé, c'est ma grand-mère, je l'accompagne.

La vieille ne sent plus rien, ni le sang dans sa bouche, ni ses jambes, ni son poignet, ni son visage, ni son ventre. Juste les mots dans son oreille, ma grand-mère. Elle sourit pour de bon au-dedans.

Premiers soins, camion en route pour l'hôpital, le jeune pompier, formulaire et stylo à la main demande à Salomé si elle veut bien l'aider. Alors la petite s'assied sur le rebord, à l'intérieur du camion, tient encore le bout des doigts de la vieille et attend.

– Nom, prénom et âge de votre grand-mère?

– Euh...

– Nom, prénom et âge de votre grand-mère?

Salomé lâche la main de la vieille qui semble s'être endormie. Elle fouille son sac de ficelle mauve, cherche sa carte d'identité, sans succès, pense à la boîte à sucre, l'ouvre. Le jeune pompier la regarde faire sans rien comprendre. Elle trouve le livret de famille en lambeaux, le feuillette avec la délicatesse que lui permet encore son essoufflement et son inquiétude et lit:

Sarah Gerstein, née le 12 novembre 1920 à Paris Ve, couturière de son état. Plus bas, elle lit pour elle, *épouse de Paolo Mattei, né le 6 août 1918, employé de bureau, mariage célébré à la mairie du IIIe arrondissement de Paris le 8 juin 1940, parents de Salomé Mattei, née de cette union le 6 janvier 1941.*

Dans une case, en bas de la feuille jaunie, Salomé peut lire encore : *Paolo Mattei décédé le 4 juin 1944 à Honfleur (Calvados) à l'âge de vingt-six ans, Salomé Mattei décédée le 29 juin 1951 à Paris IIIe (Seine) à l'âge de dix ans.*

Le jeune pompier lui parle, elle n'a pas entendu, il secoue son bras :

– Vous êtes sûre que c'est votre grand-mère ?

– Euh, enfin, oui, mais.

Sauvée par l'arrivée aux urgences, les portes battantes s'ouvrent, claquent, Salomé court près du lit roulant, tient la main de la vieille qui s'est endormie.

– Ne meurs pas, lui dit Salomé, je t'en prie, ne meurs pas.

Attente dans le couloir, Salomé n'a pas pu entrer plus avant, la tête dans ses mains, elle prie, essaie de se souvenir d'une belle et grande prière, pleure, pleure.

Deux heures qu'elle attend, elle grelotte malgré la moiteur de l'hôpital. Elle a envie de vomir, le mélange d'odeurs, la puanteur des médicaments, du sang, des désinfectants, de l'eau de Javel. L'odeur de tous les hôpitaux quand on attend. Elle n'ose pas demander aux infirmières qui passent. L'une d'elle vient enfin, lui caresse les cheveux en lui murmurant :

– T'inquiète pas, on fera tout pour la sauver.

C'est encore pire d'avoir entendu ces mots.

Salomé voudrait se blottir dans des bras, tout cela est trop lourd, cette fois elle n'en peut plus. Elle s'effondre et pleure, vomit ses larmes, mord son mouchoir pour ne pas hurler.

Une femme, vêtue d'un uniforme de policier, est accroupie devant elle quand elle relève la tête. Elle plonge dans ses bras, et lui demande :

– Vous voulez bien appeler mes parents, s'il vous plaît, vous voulez bien ?

Chapitre 10

La vieille est hospitalisée au service de cardiologie. Son cœur a flanché pendant l'opération. Il a fallu l'opérer pour la sauver.

Dans le couloir, un jeune interne explique à Salomé et à ses parents que la vieille se repose maintenant. Elle est très fatiguée. À son âge une telle opération n'est pas sans risques. Il faut attendre encore pour savoir si elle va s'en sortir.

Salomé pleure dans les bras de sa mère, celle qu'elle a toujours appelé Maman.

Les parents demandent à leur fille de les attendre un moment, ils ont envie de parler avec cette femme, ils veulent la remercier. Il veulent aussi savoir qui est cette vieille, pourquoi elle a fait ça, essayer de comprendre ce qu'elle a pu faire à leur petite. Ils ont un peu peur. S'ils ont bien compris, cette vieille vit dans la rue, une clocharde au grand cœur, pas la petite grand-mère qui fait des gâteaux au coin de la cuisinière. Ce serait quand même plus rassurant d'imaginer la fugue de leur fille dans un salon genre anglais, rideaux de dentelles, dessus de lit à fleurs et bouilloire sur le feu.

Mais ils doivent bien s'y faire, ce n'est pas cette vieille-là qui a accueilli leur fille, c'est celle qui est derrière la porte, une paumée, une pauvre femme. (S'attendre à tout quand la porte va s'ouvrir.)

Ils ont un énorme bouquet de fleurs dans les bras (acheté dans le hall, posé sur une chaise tout le temps où ils ont hésité dans le couloir), frappent, et entrent maladroitement dans la chambre. La vieille ouvre les yeux, les regarde un moment et sourit sous les bandages.

Elle murmure :

– Approchez-vous, je vous en prie, asseyez-vous, merci, c'est magnifique, asseyez-vous.

Ils sont perdus, ne savent plus quoi dire à cette vieille femme qui a pris soin de leur fille, mais qui le leur a caché aussi pendant des semaines.

La vieille est un peu essoufflée, elle siffle entre ses lèvres en essayant de mesurer son souffle, de le guider doucement, pour ne pas leur faire peur.

– Vous avez retrouvé votre petite ? Elle est merveilleuse, vous savez, mais bien sûr vous le savez, une merveille d'enfant. Elle a mal, une grosse blessure, mais ça aussi vous le savez, elle est revenue, c'est ça qui est important, elle devra prendre le temps de comprendre, mais un jour elle va comprendre, ne vous en faites pas. Elle cherchera peut-être celle qui l'a mise au monde ou peut-être pas. C'est la reine du rangement de chariot et bientôt une pro de la manche. Elle s'en est bien sortie. Elle pourra toujours s'en sortir dans la vie, vous savez. Et en plus elle a de vraies aptitudes pour chercher dans les poubelles et faire des trouvailles. Pas la peine de trop la secouer sur les bancs de l'école. Une débrouillarde, cette gamine. Elle est là? J'aimerais bien la voir, seule, si vous voulez bien.

Ils n'ont rien trouvé à dire, pas même merci.

Ils sortent, le bouquet reste intact dans son papier de cellophane, petit morceau de bolduc rose, un autocollant «plaisir d'offrir» le tient enrubanné.

Salomé entre dans la chambre, elle essaie de cacher ses larmes. Elle s'assoit sur le lit, prend les mains de la vieille dans ses mains, délicatement.

La vieille tousse, respire avec difficulté.

Elles se regardent, trop à se dire, par où commencer?

Salomé a posé sa tête tout près de celle de la vieille Sarah. Elle voudrait lui dire qu'elle a prévenu Henri, Élie, Yvonne et les autres, mais ce n'est pas cela qui lui semble important maintenant.

Elle voudrait lui dire qu'elle est rentrée chez elle. Ses parents, ses parents d'adoption, l'attendaient. Ils lui ont dit que, si elle le souhaitait, ils l'aideraient à chercher sa mère biologique, qu'ils feraient tout pour leur fille, tout, même le pire pour eux. Mais elle, elle ne sait pas si c'est cela qu'elle veut. Elle ne sait plus rien maintenant. Sa rage l'a quittée pour le moment. Elle voudrait demander à la vieille ce qu'elle doit faire, mais les mots restent dans son ventre, muets. Elle trouve juste des larmes.

La vieille respire vraiment mal, ça s'arrache dans sa poitrine.

– Salomé, lève-toi, regarde-moi, s'il te plaît, je

crois que je vais m'endormir maintenant, mais dis-moi, avant de partir, je voudrais savoir, comment tu t'appelles ?

Salomé sèche ses larmes et murmure :

– Je m'appelle Mathilde, Salomé, Sarah. Mathilde parce que mes parents avaient aimé un livre, je ne sais plus lequel, Salomé, d'une tante inconnue, et Sarah, du nom de ma grand-mère.

Sarah a fermé les yeux, tranquillement, en souriant. Du nom de sa grand-mère. Salomé/Mathilde est sortie doucement, ses parents l'ont prise dans leurs bras. Ils se bercent doucement tous les trois un long moment. Puis sans crier gare, Salomé renifle, essuie ses joues et sourit doucement. La vieille aurait dit, juste à ce moment-là (et elle en est certaine) : bon, si on allait manger quelque chose ? J'ai faim !